Frederic William Maitland

Pleas of the Crown for the County of Gloucester

Before the Abbot of Reading and his Fellows, Justices itinerant... 1221

Frederic William Maitland

Pleas of the Crown for the County of Gloucester
Before the Abbot of Reading and his Fellows, Justices itinerant... 1221

ISBN/EAN: 9783337267551

Printed in Europe, USA, Canada, Australia, Japan

Cover: Foto ©ninafisch / pixelio.de

More available books at **www.hansebooks.com**

PLEAS OF THE CROWN

FOR THE COUNTY OF

GLOUCESTER

A.D. 1221.

PLEAS OF THE CROWN

FOR THE

COUNTY OF GLOUCESTER

BEFORE THE ABBOT OF READING AND HIS
FELLOWS JUSTICES ITINERANT

IN THE FIFTH YEAR OF THE REIGN OF KING HENRY THE THIRD
AND THE YEAR OF GRACE

1221

EDITED BY

F. W. MAITLAND

London

MACMILLAN AND CO.

1884

Oxford
PRINTED BY HORACE HART, PRINTER TO THE UNIVERSITY

TO

PAUL VINOGRADOFF

PROFESSOR OF HISTORY IN THE UNIVERSITY OF MOSCOW.

INTRODUCTION.

WHAT is here transcribed is so much of the record of the Gloucestershire eyre of 1221 as relates to pleas of the crown. Perhaps it may be welcome, not only to some students of English law, but also (if such a distinction be maintainable) to some students of English history. It is a picture, or rather, since little imaginative art went to its making, a photograph of English life as it was early in the thirteenth century, and a photograph taken from a point of view at which chroniclers too seldom place themselves. What is thence visible in the foreground is crime, and crime of a vulgar kind—murder and rape and robbery. This would be worth seeing even were there no more to be seen, for crime is a fact of which history must take note, but the political life of England is in a near background. We have here, as it were, a section of the body politic which shows just those most vital parts, of which, because they were deep-seated, the soul politic was hardly conscious, the system of local government and police, the organization of county, hundred, and township.

It is not indeed supposed that there is anything in this roll which should startle any one who has learnt the story of our constitution and the story of our criminal law from the best modern books, still less any one versed in Bracton's treatise *De Corona*, and such other first-hand authorities as are already in print; but it is believed that a large stock of examples, given with all their concrete details, may serve to provide a body of flesh and blood for the ancient rules which, whether in the pages of Bracton or in those of modern historians, are apt to seem abstract, unreal, impracticable.

For the reason just given this brief preface will attempt no general account of the criminal law as it was in the days of Henry the Third. The main outlines are well known, while as to details discussion would as yet be premature; much more transcription will have to be done before such discussion can be safe or profitable. Some explanations of particular cases and phrases have been placed at the end of this book. The rolls themselves, and the mode in which they have been copied, shall be described hereafter. Here it is proposed to recall some facts about the year 1221 which should be had in mind if the best use is to be made of our document.

First as to legal literature. In 1221 more than thirty years had passed since the writing of the book which bears the name of Ranulf Glanvill, and somewhat more than thirty years were yet to come before Bracton's book would be written. Our roll is one of the earliest that Bracton cites; the time to which he looked back as to a golden age of jurisprudence was just beginning, and Martin Pateshull, the hero of his book, was among the judges who sat at Gloucester[1].

Again, this was the first eyre held in Gloucestershire since the abolition of the ordeal. We thus catch sight of trial by jury at a most interesting and critical moment of its development.

A greater number of remembrances may be called up by saying that this was the first eyre in Gloucestershire after the grant of the great Charter. The Charter, it will be remembered, was sealed on 15th June, 1215[2]. John did not mean to keep it; the Pope, once his enemy, but now his liege lord and best friend, absolved him from his oath, and in the autumn of the same year the war broke out[3]. That war lasted on and off for just about two years. Our roll will often mention this *tempus guerre*[4], but not perhaps quite so often as we might expect, did we not know that the western counties were not the scene of much serious fighting. John's grip on them was

---

[1] Bracton's citations have in this instance been correctly preserved. They are all from the civil business of the eyre. In the roll hereafter called A, they are found as follows:—(1) case of attaint in an assise *utrum* (Bracton, f. 288) is on membrane 2; (2) Clementia Dowdeswell's case (Bracton, f. 307 b) is on membrane 8; (3) case of Ralph Chandos (Bracton, f. 390, 390 b) is on membrane 4 dors. In the Chartulary of Gloucester Abbey (Rolls Series, vol. i. p. 322; vol. ii. pp. 262-3) there are references to this record which also are quite correct; the action with the parson of S. Nicholas is on membrane 8; the inrolled deed of William Pont-Larche is on membrane 7 dors. In later days one of the two rolls has been cited at first hand by Sir S. Clarke, in his notes on Fleta, by Mr. Forsyth (Trial by Jury, p. 202), and Sir F. Palgrave (Commonwealth p. clxxxvii).

[2] Stubbs, Const. Hist. vol. ii. p. 6; Pauli, Geschichte von England, vol. iii. p. 436.

[3] Stubbs, p. 8; Pauli, p. 414.

[4] Nos. 15, 35, 147, 161, 178, 181, 200, 254, 264, 393, 431, 466.

tight; they had long been in the hands of his most trusty foreign
captains; they became the base of his military power. At first he
was successful, ravaged the midlands and the north, and subdued
nearly all England, save London only[1]. The arrival of the French
turned the scale, but not decisively, and apparently John was by no
means conquered when on 19th October, 1216, he died[2]. On the
28th Henry the Third, a boy of nine, was crowned, and crowned,
be it noted, at Gloucester[3]. On the 12th of November the charter
was issued a second time, and issued at Bristol[4]. The war went on
broken by truces. The barons began to see that they had made a
mistake in bringing over the French king's son; they were fighting,
too, against the whole power of Rome, and one by one they fell
away and made their peace with Henry[5]. On the 20th of May,
1217, the battle of Lincoln decided that Henry was to reign; in
August a fight at sea completed the victory[6]. At Lambeth, on the
11th of September, a treaty honourable to all parties was signed[7],
and the *tempus guerre* came to an end. On the 6th of November
the third edition of the charter was issued[8].

The real rulers of England at the beginning of Henry's reign
were William the Earl Marshall and Gualo the Pope's legate; but
not for long: in December 1218 Gualo was succeeded by Pandulf[9],
and on the 14th of May, 1219, William Marshall died[10]. Power
came to the hands of Hubert de Burgh the justiciar. When in
1221 the judges were at Gloucester, Pandulf, who for a while had
lorded it over all men, was just ceasing to be legate and becoming
mere bishop of Norwich[11]. But Hubert was not left without a rival.
He was to begin his long struggle against Peter des Roches and
the swarm of foreigners.

At the moment when our eyre took place the question of the
time was whether the justiciar would be able to get into trustier
hands the castles which were still held by the aliens. So early as
1218 Ralph de Gaugi had broken out in revolt[12]. Not long
before the judges were sent to Gloucester one of them, Robert
Lexington, had been aiding in the suppression of a still more

---

[1] Pauli, p. 455; Stubbs, pp. 11, 12.
[2] Pauli, pp. 458-472; Stubbs, pp. 14-17.
[3] Pauli, p. 488; Stubbs, p. 18. [4] Stubbs, pp. 19-22; Select Charters.
[5] Stubbs, p. 22; Pauli, p. 495. [6] Stubbs, p. 24; Pauli, 497-502.
[7] Stubbs, pp. 24, 25; Pauli, pp. 502-3.
[8] Stubbs, p. 26; Select Charters. [9] Pauli, p. 512.
[10] Stubbs, p. 30. [11] Pauli, p. 529. [12] Stubbs, p. 32.

dangerous outburst, that of William of Albemarle[1]. Just when the judges at Gloucester were making inquiry into the past misdoings of Engelard of Cigogné, this same Engelard was under suspicion of complicity in Albemarle's treason. In 1223 Fawkes of Breauté was up in arms[2]; in the next year his brother William caught and imprisoned Henry Braybrook, one of the judges in eyre, and nearly succeeded in catching Martin Pateshull himself[3]. William was hanged, Fawkes was banished; but in the end Hubert fell, to be supplanted for a while by Peter des Roches and the foreigners[4].

But all this is better told elsewhere. The treaty of Lambeth was about a year old when an effort was made to do justice throughout the land. Seven sets of judges were sent out in eyre. Almost all the counties were to be visited; but not quite all: what we may call the mid-western counties were excepted, Gloucester, Hereford, Worcester, Stafford, Shropshire, Warwick, Leicester[5]. The reason for this may have been that bad as matters might be in those counties (and certainly we shall have cause to think that Gloucester wanted a visitation) they were worse elsewhere. It seems probable that this western district was not quite neglected. There was a gaol delivery at Hereford in the autumn of 1220[6], and there is extant a roll which is believed to show that early in 1219 judges were sitting at Warwick to take assizes from just these excepted counties. But the word *assize* must not mislead us; in this context it means a possessory action touching land, an action in which, to use Bracton's terms, the plaintiff relies, not upon *dominium*, but upon *possessio*. A commission to take assizes is one thing, a commission to deliver a gaol is another, a commission to hear all manner of pleas in a general eyre is a third.

At any rate, in the summer of 1221 the turn for these counties came; there was to be an eyre in them and also in Cornwall and Wiltshire.

Seven judges were sent out; but only six sat at Gloucester, for the seventh was Ralph Musard, who for some years past had been and still was sheriff of the county. In obedience to the rule solemnly sanctioned by the great charter he was specially forbidden

---

[1] Royal Letters, vol. i. p. 171; Stubbs, pp. 32-33.
[2] Stubbs, p. 34; Pauli, p. 536.
[3] Pauli, pp. 538-542.   [4] Stubbs, p. 43; Pauli, p. 594.
[5] Rot. Cl. vol. i. p. 380 b; the eyre was to begin on the 25th Nov. 1218.
[6] Rot. Cl. vol. i. p. 437. It is to begin on 25th August.

to sit as one of the judges within his own shire[1]. This body of seven judges was what we should call a very strong commission, and seemingly all of them were men who had either served John well in his evil hour or at least had taken no overt part against him; they did not belong to the baronial party[2].

The first judge named in the commission was Simon, Abbot of Reading. He must have been an able, intrepid man, otherwise Innocent the Third would not have chosen him to publish the sentence of excommunication against the champions of the charter[3]. The second name is that of Randolf, Abbot of Evesham. It is not known that either of these prelates was by profession a lawyer, or was ever employed as a royal judge save on this one occasion[4]. But the book to which we most naturally look for an account of Abbot Randolf reminds us that at this time a monastic life was by no means incompatible with a zealous study and practice of the law[5]. The Abbey of Evesham had several suits to prosecute and defend before the judges at Gloucester, and likely enough was represented by its prior, Thomas Marlborough, who was to succeed Randolf in the abbotcy. The lively chronicle that he has left us shows him to have been heart and soul a lawyer. He had presided over the law school at Oxford[6]; he gave his monastery a library of law-books; for years he fought the Bishop of Worcester from court to court; he himself pleaded the cause of Evesham before the holy see, and that he might plead it better he went to Bologna to hear the lectures of Azo, that 'master of all masters of the law,' in whose books Bracton found many things that he made law for England[7]. In the keen delight of successful advocacy he has told us how his too fluent adversary bored the pope with tedious argument, and how the

---

[1] Rot. Cl. vol. i. p. 476.
[2] For biographies, see Foss, Judges of England, vol. ii.
[3] Foed. vol. i. p. 138.
[4] In 1224 these two abbots were employed as arbitrators in an ecclesiastical dispute. Annals of Worcester, p. 417.
[5] Chronicle of Evesham (Rolls Series); for Abbot Randolf, see pp. 255-264.
[6] P. 267.
[7] Marlborough's respect for Azo was very great. Thus he engaged as counsel, 'militem Papiensem Bertrandum nomine, dominum legum, qui nulli totius Lumbardiae *post dominum Assonem* in jure civili habebatur secundus' (p. 153). Again, of himself, he says—' Et ad hanc interpretationem confirmandam quasdam leges quas a domino Assone tunc temporis *legum dominorum domino*, non sine precio dediceram, induxi' (p. 168). For Azo, see Savigny, Gesch. des R. R. cap. 37. Savigny thinks that he died about 1230. The Evesham annalist speaks as though his name must be known to all.

wearied Innocent at last broke out into his famous remark about the influence of English beer[1]. These clerical lawyers are memorable, for the very rapid development of English law, in the first seventy years of the thirteenth century, was in great measure due to the fact that the *causidici* were also *clerici*, men whose education had been liberal and catholic and who were not ashamed to learn from all quarters. From that time onward the quality of the English lawyer's intellect became steadily worse, and for two centuries after Bracton's death not a law-book was written worthy to be kept in the same room with Bracton's book.

The third judge (also an ecclesiastic) is more famous, for he was Martin Pateshull, Bracton's *Martinus, Dominus Martinus*, or yet more briefly *M*. Clearly Bracton, writing near thirty years after his death, reverenced him as the greatest of all great judges. In the mere dropping of his surname there may lie something that is not familiarity but elaborate compliment. In the thirteenth century to call a lawyer *Martinus, Dominus Martinus*, still more to cite his opinions as those of *M*, was to challenge for him a comparison with one of the very greatest of all the civilians, the Martinus of world-wide fame, Martin of Bologna, and Bracton may well be saying— 'We Englishmen also have our Martinus.' At least it is plain that Pateshull was an enthusiast for law. His best memorial is the well-known letter in which some nameless person begs to be let off the arduous duty of going circuit along with the terrible Martin:— 'He is so strong, so sedulous, that he wears out all his fellows: nor is this surprising, for every day he begins work at sunrise and does not stop until nightfall[2]. Every day, *quotidie:*'—this must be read literally, for the evidence in rolls of this time that the judges in eyre sat on Sundays is but too clear[3]. Martin died Dean of St. Paul's in Nov. 1229, 'vir mirae prudentiae et legum terrae peritus[4].' The amount of hard riding, let alone justice, that he had done is almost beyond belief.

---

[1] Et adversarius (i.e. Robert Clipstone, counsel for the Bishop of Worcester):—'Pater sancte, nos didicimus in scholis, et hæc est opinio magistrorum nostrorum, quod non currit praescriptio contra jura episcopalia.' Et dominus papa:—'Certe et tu et magistri tui multum bibistis de cerevisia Anglicana quando haec dedicistis' (p. 189).

[2] Royal Letters, Henry III (Rolls Series), vol. i. p. 342.

[3] There are, e.g. in this Gloucester roll, adjournments to the feast of S. Peter ad Vincula, which not only was a Sunday, but which is described in the roll as Sunday.

[4] Mat. Par. vol. iii. p. 190.

With these were joined two other regular judges of the king's court, Robert Lexington (another ecclesiastic) and Ralph Hareng. The list ends with John of Monmouth, a baron powerful in the west, a good servant of King John, an executor of his will.

It is not improbable that among the clerks who recorded the proceedings of the court was a lawyer whom Bracton esteemed second to none but the great Martin. A Warwickshire roll has been preserved which belongs to this eyre [1]. At the very foot of one of its parchments its scribe has written without context what can hardly be other than his own name, *Will. de Raleg*. William Raleigh, as judge, minister, bishop, had a long and stormy career before him. Famous in many ways, the number of his judgments cited by Bracton, and the vast importance of Bracton's book, entitle him to be called one of the main fashioners of the common law.

While we are speaking of men, there are some others of a different kind who should be mentioned, for they are often named in this roll. The best commentary on their names is a section in the first edition of the Great Charter [2]. 'We,' the king is made to say, 'will utterly put out from their bailiwicks the kinsmen (*parentes*) of Gerard of Athée, that henceforth they may have no bailiwick in England, Engelard of Cigogné, Andrew, Peter, Gio of Chanceaux, Gio of Cigogné, Geoffrey of Martigny and his brothers, Philip Mark and his brothers, and Geoffrey his nephew, and their whole following (*sequelam*).' They were foreign adventurers, the instruments of John's misrule. Several of them will come before us, for Gio of Chanceaux had held Tewkesbury and Peter of Chanceaux had held Bristol; but our chief concern is with Gerard of Athée and Engelard of Cigogné, both sheriffs of Gloucestershire.

Gerard of Athée (if all that was said of him be true) was a villein, his father and mother were villeins, his lord was the lord of Amboise [3]; Athée, Cigogné, Chanceaux are in Touraine, between Amboise and Loches. Some now forgotten exploits of border warfare may have raised this base-born man above his fellow-serfs. The first thing told of him is that on the death of King Richard, when the question was what should be John's and what Arthur's,

---

[1] Assize Rolls, M, 6, 16, 1.

[2] Sec. 50 (Sel. Chart), sec. 40 in the Articles of the Barons. In Statutes of the Realm facsimiles may be seen. Wendover (vol. iii. p. 317) gives a slightly different version of the clause; it mentions Gerard's wife and children.

[3] Guil. Brit. Philippid. (Brial, vol. xvii. p. 217.)

Gerard helped to secure for John the strongholds of Chinon and Loches[1]. In 1202 war broke out between John and Philip; Tours was taken by Philip, retaken by John, and committed by John to Gerard's keeping[2]. Thenceforward Gerard was John's seneschal in Touraine[3]. He treated his own native land so ill as to give a French chronicler cause to remember that a foe of one's own household is the worst of foes and a slave the worst of tyrants[4]. The war went against John; but when almost all else was lost, Gerard was still defending Loches with ferocious bravery[5]. Loches fell and Gerard was made prisoner[6]. But John now wanted him in England and paid a great ransom for him, seemingly two thousand marks; but Gerard was cheap at the price[7].

To England he came in 1207 with his kinsmen and companions in arms, Andrew, Peter, and Gio of Chanceaux, and Engelard of Cigogné. A Hampshire manor was at once given to these last to support them in the king's service[8]. On Gerard himself favours were poured. He must have been a man after John's own heart. Within a few months the county and castle of Gloucester, the castle of Bristol, the lands of the see of Bath, the castle and county of Hereford, the wide honour of Gloucester, were put in his keeping[9]. During the interdict the churches of the west felt his hand heavy upon them[10]. He disseised Cirencester Abbey of its seven hundreds[11], he robbed the very lepers of Bristol[12]. He was let fly for higher game than monks or lepers. When John wished to strike down William of Braose, Gerard was the man employed for the work[13]. The place that his name has in the charter will tell how the barons hated him. They did not forget his servile birth; they spoke of his *sequela*, a word by which one describes the family, if family it may be called, of a villein. But from the very words of the charter we may gather that he was already beyond their power. He is last mentioned as a living man

---

[1] Chron. Turon. (Brial, vol. xviii. p. 294.)   [2] Ibid. p. 296.
[3] Rot. Pat. 17, 23 b, 27, 33.
[4] Guil. Brit. Philippid. (Brial, vol. xvii. p. 217.)
[5] Ralph of Coggeshall, p. 146.
[6] Ibid. p. 152; Chron. Turon. (Brial, vol. xviii. p. 297.)
[7] Rot. Pat. 65; Rot. Cl. vol. i. p. 92 b, 97, 104.
[8] Rot. Cl. vol. i. p. 79 b.
[9] Rot. Pat. 78 b, 80, 81 b, 83 b; Rot. Cl. vol. i. p. 105.
[10] Rot. Cl. 108–112.   [11] Rot. Pat. 149; Rot. Cl. 220.
[12] Rot. Cl. 227.
[13] Foed. vol. i. p. 107.

in Sept. 1213[1]. The rolls, until then eloquent about his doings, become suddenly silent.

But some time before this Gerard was succeeded in the shrievalty of Gloucestershire by his kinsman Engelard of Cigogné. Engelard had been very busy in the west with the king's affairs for some seven years before the sentence of banishment went out against him at Runnymede. But 'covenants without the sword are but words,' and the sword was with Engelard. John was not going to put him away; he was much too useful[2]. True that about a month after the grant of the charter, the Ralph Musard who has been named above as one of the judges commissioned in 1221, relieved Engelard of Gloucestershire[3]; but Engelard was wanted elsewhere, and must have proved himself a splendid soldier. At the most critical moment, when Lewis was about to land, the county of Surrey and the important fortresses of Odiham and Windsor were intrusted to Engelard[4]. The defence of Odiham by thirteen men against an army is the most brilliant episode of the war. Engelard himself was in Windsor and stood a long siege stubbornly and successfully[5]. When the new reign began there could be no talk of banishing him. The charter, as re-issued in 1216 and again in 1217, had no word against the defender of Windsor. On the contrary, he was richly rewarded with lands and wardships, and drew a handsome pension from the Exchequer[6]. When the judges at Gloucester were investigating what he had done as sheriff, he still held Windsor and Odiham. It is reported that just at this time, being suspected of treason, he was arrested and forced to give pledges to deliver up Windsor when required[7]. Certainly, however, there was as yet no very serious breach between him and the king's advisers[8]. When in 1222, as a consequence of this eyre, he was pressed to pay the large sum that was due from him in respect of his long shrievalty, he succeeded in establishing a set-off for the whole debt, having, as he said, spent much money of his own in fortifying Bristol and Hereford[9]. But the next outbreak, that of Fawkes of Breauté in the autumn of 1223[10],

---

[1] Rot. Cl. 149.   [2] Rot. Pat. 160, 161 b, 166.   [3] Rot. Pat. 148 b.
[4] Rot. Pat. 178 b, 185, 192 b, 197 b.
[5] Coggeshall, p. 182; Wendover, vol. iii. pp. 371, 381.
[6] Rot. Cl. vol. i. 410 b, 415, 426, 445 b, 458.
[7] Ann. Dunstable, p. 68, post Pentecostem.
[8] Rot. Cl. vol. i. 470 b, 471, 486, 491, 517, 521 b, 538, 541, 556, 563.
[9] Rot. Cl. vol. i. 497.   [10] Pauli, p. 536; Stubbs, p. 34.

brought him into more serious trouble. At the end of the year Windsor and Odiham were taken from him[1]. But he soon made his peace[2], kept clear of the raid upon the judges, and went on drawing his pension[3]. Then he fought in Gascony[4], and likely enough did good service, for plainly he was a master of his craft. At any rate he regained whatever royal favour he had lost. He again held castles for the king, and in 1234 even Windsor and Odiham were given back to him, at a moment when the doings of Peter des Roches and his followers may have thrown into the shade all older oppressions[5]. Some ten years later, near thirty years after his banishment, he died and left no heir[6]. He died in the king's debt, but the debt was forgiven in consideration of his past services. Odiham, if not Windsor, he held at his death, and his successor there was another foreigner named Simon of Montfort. The best that has been said of him is, 'vir in opere martio probatissimus[7].' These hated foreign sheriffs are important figures in the history of English law, as important after their kind as Martin Pateshull or William Raleigh.

Now as to the way in which these self-made men had conducted themselves in the county of Gloucester our record may speak for

---

[1] Royal Letters, i. 510; Rot. Cl. i. 582, 585 b.

[2] Rot. Cl. i. 595 b.

[3] Rot. Cl. i. 596 b, 624–5; ii. 6 b, 15, 18.

[4] Rot. Cl. ii. 76, 78 b, 87, 198.

[5] Pauli, p. 613. MS. Calend. Rot. Pat. 27th May, 1234. See also Excerpt. Rot. Fin. p. 254.

[6] Excerpt. Rot. Fin. pp. 423–4; Rot. Orig. Abbrev. p. 6. Rot. Hundred. ii. p. 30.

[7] Wendover, vol. iii. p. 381. An Engelard of Athée is sometimes mentioned, but any one who compares the references given above will, I think, conclude that he and Engel. of Cigogné were all one. There is never mention of more than one Engelard at a time. When chroniclers mention Eng. of Athée it is as keeper of Windsor, while in the Close and Patent Rolls the keeper of Windsor is always Engel. of Cigogné. In the Excerpts from the Fine Rolls (vol. i. pp. 423-4) there are two entries immediately following each other, the one supposes that Engel. of Athée, the other that Engel. of Cigogné, is just dead. We have it from Wendover that Engelard was the *nepos* of Gerard of Athée (vol. iii. p. 238). Lastly, unless I am mistaken, the two places are within a few miles of each other. It may be seen, on a large-scale map of the modern department of Indre et Loire, that close to Amboise, and close to Loches, are Athée, Cigogné, Chanceaux, and by my spelling, I have expressed the inference that thence did Gerardus de Athiis, de Atya, etc., Engelardus de Cigoniis, de Cigunny, de Ciconiaco, etc., Petrus de Cancellis, de Chaunceaws, etc., get their names. A reference given by Mr. Pearson (Hist. vol. ii. p. 90) first directed my attention to this district as the right quarter.

itself. There is matter in it which will abundantly illustrate more than one clause of Magna Carta. In the thirteenth century the sheriff of a county was still a most powerful person, and during the misgovernment of John's reign he recovered in fact, if not of right, some of the power that he had already lost. Taking ransom for all the pleas of the crown, that is the chief charge against these people, in other words, binding and loosing that they may get money for themselves and sheep and wives for their hangers-on [1]. Even more noteworthy than the direct charges against them is the curious tone of suspicion in which the jurors speak about them; they cannot say what Gerard, Engelard, and Gio may have done, but presumably it was wrong [2].

To return; on the 16th May, 1221, writs were issued to the seven judges by which they were bidden to begin their eyre at Worcester on the 7th of June, the day after Trinity Sunday, and they were told that the form of the oath that they were to take and the articles of the eyre had been committed to Martin Pateshull [3]. At the same time writs went out to the sheriffs ordering them to summon all whose duty it was to meet the king's judges. The writ sent to the sheriff of Worcester has been printed from the Close Roll [4]; an English version of it shall be given.

'The king to the sheriff of Worcester greeting:—Summon by good summoners all archbishops, bishops, abbots, priors, earls and barons, knights and freeholders of your whole bailiwick, and from every township four lawful men and the reeve, and from every borough twelve lawful burgesses throughout your whole bailiwick, and all others of your bailiwick who are wont and ought to come before the justices in eyre, that they be before our justices, to wit, the Abbot of Reading, the Abbot of Evesham, Martin of Pateshull, John of Monmouth and their companions on the morrow of the feast of the Holy Trinity at Worcester to hear and do our bidding. And cause to come before them all pleas of the crown which are not yet pleaded [5] and which have arisen since assize last was in those parts before justices in eyre in the time of the lord king John our father, and all attachments concerning such pleas and all the assizes and other pleas which are set down for the first assize of

---

[1] 92, 93, 108, 154, 156, 171, 227, 245, 246, 260, 364, 376, 378, 405, 439, 444, 482, 505.
[2] 29, 41, 100, 217, 238, 325, 327, 342, 362, 402, 446.
[3] Rot. Cl. vol. i. p. 476.   [4] Ib.
[5] *placita coronae quae placitata non sunt.*

justices together with the writs of assizes and pleas, so that no assize or other plea may stand over by default of you or of your summons[1]. And cause to be proclaimed and known throughout your whole bailiwick that all assizes and all pleas which are adjourned and unfinished before our justices at Westminster should then be before our aforesaid justices in the state in which they stood over by our command at Westminster. And summon by good summoners all those who have been sheriffs since the last eyre of the justices in those parts that they be then before our aforesaid justices with the writs of assizes and pleas which they received in their time and to make answer for their time as answer should be made before justices in eyre. And have with you the summoners and this writ.'

Similar writs were sent to the other sheriffs, but the time at which the eyre would begin in their counties was left to be determined by the judges. So the judges opened the eyre at Worcester on the 7th of June[2]. They next went to Gloucester. Seemingly they began their Gloucester session on the 21st of June; at least essoins were taken on that day. They hoped to be in Hereford at latest by the 19th of July, and during the interval they had to pay a brief visit to Bristol, whither they went to hear the pleas of that town and as a special favour those of the neighbouring hundred of Swinehead, with a protest, however, that the men of Swinehead ought by rights to come to Gloucester. It is a little difficult to fit together the stray references to dates, but on the whole it seems not improbable that civil business and crown business were heard simultaneously, that there were then, as now, two courts, a civil side and a crown side; at present, however, the evidence of this is not sufficient to be worth retailing. From Gloucestershire they went to Hereford, and from Hereford back again to Worcester. They were in Warwickshire in September, and seemingly were thence going to Leicester. They were sitting at Shrewsbury in November.

It so happens that about this eyre of 1221 more may be known than of any other of at all the same antiquity. Good luck has

---

[1] The word *assisa* is very hardly worked: it may mean, among other things, (1) the session of a court; (2) a lawsuit of a particular kind. All the assizes set down for the first assize, means all possessory actions set down for the next session.

[2] Annal. Monast. Worc. p. 413: 'Justiciarii itineraverunt in hoc comitatu in crastino Trinitatis, scilicet, Martinus de Pateshulle et socii ejus.'

preserved for us records of the pleas, both civil and criminal, heard at Worcester, Warwick, and Shrewsbury[1], while for Gloucestershire we have not merely a record, but two records. This by itself would be a reason for the choice that we have made. But there is a further reason; the doings of Gerard and Engelard have made the Gloucester rolls more various and more interesting than those of the other three counties. The somewhat monotonous catalogue of common crimes due to greed and jealousy, to lust and beer, is here diversified by the exactions of the foreign sheriffs, and mere social history is enlivened by a touch of politics. But if it be but luck that sends us to Gloucester, still the lot has fallen to us in a fair ground. There is less need to speak of place than of time. The year 1221 is gone for ever, the county of Gloucester is where it always was[2], and hardly a name of village or hamlet is mentioned in this roll that cannot be found, perhaps a little clipped and twisted, on the modern ordnance map. Still we may just note that the great shire which joins Warwick to Somerset, and Berks to Monmouth, is a good specimen county. There is land of every kind, the Cotswolds, the Severn Valley, the wild Forest of Dean, while, in the thirteenth century, there was hardly a county with two such towns as Gloucester and Bristol[3].

It would be well could we determine exactly how long a time had passed since there was last an eyre in Gloucestershire. On the answer to this question must depend the meaning of this roll as a record of crime. What length of time was it that produced, for example, this abundant crop of murders? It will soon be apparent that the inquiry was carried back a long way. In case after case presented by the jurors most of the persons concerned were already dead. We

---

[1] The Assize Rolls $\left.\begin{array}{c}M\\6\\31\end{array}\right\}1;\ \left.\begin{array}{c}M\\6\\16\end{array}\right\}1;\ \left.\begin{array}{c}M\\5\\16\end{array}\right\}2;\ \left.\begin{array}{c}M\\5\\8\end{array}\right\}1.$

The first belongs to Worcester; the second and third to Warwick, and contain respectively the crown and civil business; the fourth belongs to Shropshire. I can now add that the invaluable notebook (MS. Add. 12,269), discovered by Professor Vinogradoff at the British Museum, contains some select civil cases from the eyre in Leicestershire, and breaks off suddenly in the middle of cases from the eyre in Staffordshire. (See Athenæum, July 19, 1884.)

[2] 'Deus in medio ejus; non commovebitur.'

[3] As little can here be said of geography, it may spare the reader a puzzle to tell him that in the thirteenth century a village often has a long compound name; it is the villata of Hamton of Roger of Meisy, or of Stoke of Elias Giffard, or of Weston of Robert Mauduit. Words such as Hamton and Stoke have hardly yet ceased to be descriptive words and become mere proper names.

can be more precise than this. That there had been no eyre in Gloucester since Henry became king, that is to say for nearly five years, is stated by the writ quoted above. Again, a case will come before us in which we shall be told that the last eyre was held by Simon Pateshull[1] (a judge much employed by John, whether or not a kinsman of Martin is not known), and that two years afterwards a person accused of homicide obtained pardon from John. This gives us at the very least seven years. The Pipe Rolls it was hoped would give precise information as to the last eyre; that hope has not been quite fulfilled: but the roll for John's 12th year speaks not only of amercements by Engelard, but also of amercements by Richard Marsh and Simon Pateshull[2]. It is thought that these may have been the outcome of a regular eyre, and of the last regular eyre; but there are amercements on later rolls, and on the other hand there is evidence that in 1221 the judges carried back their inquiry to a much remoter period[3].

Indications of date are given chiefly by the names of past sheriffs. Now, during the early part of John's reign, the sheriff was William Marshall, afterwards to become regent of the kingdom. In the Pipe Rolls for the 6th, 7th, and 8th years of the reign he accounts for the shire; in the 6th by Thomas Rochford, in the 7th and 8th by Richard Husseburn, his deputies. Richard Mucegros got the county on 21st July, 1207[4], and he is the accountant in the roll for the 9th year; Gerard of Athée accounts in the 10th and 11th years: he became sheriff on the 5th Jan. 1208[5]. The exact date at which he was succeeded by Engelard is not known, but Engelard brings in the account for the 12th and the following years. On the 8th of July, 1215, he was succeeded by Ralph Musard[6], who was still sheriff in 1221. Now this roll contains many presentments which relate to the time of Engelard[7], several which relate to the time of Gerard[8], and apparently there are

---

[1] 362, and see 110, 183, 210.

[2] On this, see Madox, Exch. vol. ii. p. 146. It seems plain that Engelard had acted as justice in his own county. Probably he had the king's writ and was acting lawfully; but to make the sheriff a justice was even then a retrogressive measure, and it seems to be assumed in some cases on this roll that Engelard had been holding pleas which he had no business to hold.

[3] The difficulty is in part due to the fact that, so far as concerns Gloucester, the Pipe Rolls which pass as those of 13 and 15 John are, to all seeming, rolls for one and the same year.

[4] Rot. Pat. 74 b. [5] Ib. 78 b. [6] Ib. 148 b.

[7] E. g. 1, 31, 56, 58. [8] 29, 108, 156, 217, 245, 250, 268, 444, 446, 482.

presentments of what happened in the days of Richard Mucegros[1], and of Thomas Rochford[2], who was not the last of William Marshall's deputies, and who seems to have died before 1207[3]. Could we therefore suppose that the inquiry in 1221 was strictly limited to what had happened since the last eyre, we should be obliged to say that there had been no real eyre for at least some fifteen years. It may be that the inquiry was only carried back thus far in cases in which a former sheriff, coroner, or other officer had received something for which he had not yet accounted. But this will hardly meet all the cases, and it may be wise to suspend judgment. It would certainly seem, from the words of the writ, that the pleas of the crown which were to be brought before the judges were only to be such as had arisen since the last eyre, and Bracton distinctly says that to an indictment or an appeal it is a perfect answer that, since the alleged facts took place, there has been an eyre at which no presentment was made about the matter. But he twice cites a case to prove this, and the case is from 1225[4]; so possibly in 1221 the rule was not yet strictly observed, and besides there was much to make the first eyre after John's reign an exception from all rules. We must, it is feared, be content with saying that the inquiry covered more than seven years, and it may be much more than seven years, that a large number of presentments refer to crimes which at the very least were six years old, since they were committed during Engelard's shrievalty, and that one appeal was certainly about twelve years old[5].

This may seem a strange conclusion. Was not John obliged to promise in the Charter that judges should be sent four times a year into every county? Had not this clause been repeated in Henry's first Charter, and repeated again (once a year being substituted for four times) in his second Charter[6]? The answer is, that the promise was to send judges to take assizes, and that a commission to take assizes is an utterly different thing from a commission to hold a general eyre. To call for more frequent eyres would have been no popular cry; certainly it was not a cry likely to come from the great barons. The eyre was the king's main check upon the feudal jurisdictions. Nor was it popular with the vulgar. When we look

---

[1] 289.   [2] 175, 404; see also, 459.
[3] Placit. Abbrev. p. 55, Isabella, widow of a Thomas Rochford, is suing for her dower in Gloucestershire (Hil. 8 John).
[4] F. 116 b; 141.   [5] 434.
[6] The various editions are collated in the Select Charters.

at the fines and amercements in these rolls, we shall understand the annalist who a few years afterwards tells us that, when the judges came into Cornwall, all the people (*omnes*), for fear of them, fled into the woods, and could hardly be induced to come out again [1]. If John had been a farsighted methodic tyrant, the eyres in his day would have been frequent and regular; but then he would not have been able to attract the Gerards and Engelards to his side. Nor is there any reason for supposing that Gloucester had been uniquely neglected. In 1228 the last eyre in the Cinque Ports was hardly within the memory of man [2]. The other records of the eyre of 1221 are almost or quite as bulky as this Gloucestershire roll, and if these be compared with the brief iter rolls of Richard's reign, printed by Palgrave, the conclusion that in 1221 there had been no eyre for a long time past will seem the more probable.

We must not, however, suppose that Gloucestershire had been quite without penal justice. There may have been gaol deliveries. We shall hear of one (date unknown) by Henry de Vere [3]. But from such rolls as are extant it would seem that in the early part of the thirteenth century gaol delivery was light work. In this record we shall read little of prisoners, and most of those mentioned have either broken prison or been bailed out by the sheriff for a valuable consideration. Nor does it appear that this period knew any form of judicial visitation for the purpose of punishing crime intermediate between the mere gaol delivery and the general eyre. What criminal jurisdiction was possessed by the county court is a difficult question, but plainly it was already very limited [4]. It could hang a thief taken in the act, and could punish some minor breaches of the peace. Also we shall see that the county court had burnt a man for arson [5]; but for this it had the king's writ, and it is not possible to say how often writs of the same kind had been granted. Lastly, there were manorial courts, which had power to hang thieves who were taken by fresh suit and in seisin of the stolen goods. When, however, all allowances of this kind have been

---

[1] Ann. Dunstable, p. 135, A.D. 1233.

[2] See Royal Letters, vol. i. p. 328. The king to Pateshull and Segrave (24 June, 1228), 'cum diu sit et quasi extra memoriam omnium baronum nostrorum de quinque portubus,' etc. Apparently the eyre in the Cinque Ports planned for the autum of 1227 did not take place. The writ of summons is in Rot. Claus. vol. ii. p. 213, and in Bracton, f. 117 b.

[3] 374, 383; see also 121.

[4] Glanvill. lib. i. c. 2; Bracton, 154 b; Ass. Clarendon, c. 5; Ass. Northamp. c. 1. [5] 216.

made, it will still be clear enough that an enormous mass of crime had gone absolutely unpunished in the days of King John.

Now the commission given to the judges in 1221 was for a true eyre, and was in the largest terms. All the civil business of Gloucestershire is adjourned before them; and from the civil part of the rolls whence we transcribe, it may be gathered that they could hear all manner of pleas. Most of those heard were indeed possessory assizes, but there were proceedings on writs of right and writs of entry; there is one case of nuisance and one of debt. Besides this there are divers deeds enrolled on the record, and several of the writs of right seem to have been brought merely in order that land should be conveyed by fine. These civil proceedings have not been transcribed. What is now most wanted is not so much a copy of any one civil roll as a large selection from many, for the ordinary forms of action are well known, and one case of novel disseisin is in general tediously like another.

With the crown business it is otherwise. We have in print really no means of informing ourselves by actual examples as to how such business was conducted in the early part of the thirteenth century. We are hardly yet in a position to say what is ordinary, what is extraordinary. To throw light on this matter, it seemed well to print one long and complete record. Its very repetitions will serve to show what was the usual procedure, what the common crimes.

The assembly that met at Gloucester, in obedience to the above writ, must have been large. The sheriff, Ralph Musard, of course was there; and the coroners, whose office was not yet thirty years old, were there. As the names of these coroners sometimes appear without their official titles, it may be well to say that they were Alexander Fitz Neal (filius Nigelli), Henry de Drois, Hugh of Cuillardvill, and Simon of Matresdon (Matson). Then again there must have been famous men in court. We see, for instance, that the two leaders of the baronial party were there, Gilbert of Clare, Earl of Gloucester[1], and William, Earl Marshall[2], son of the great earl lately dead, that they could speak up in defence of their own rights and franchises, or, if needful, say a good word for one who in the war had taken the barons' side. There must also have been a sufficiency of abbots and priors, if the summons was duly obeyed, and the names of the recognitors in the civil cases show that the

---

[1] 234. 243.   [2] 254. 361.

great land-owning families were well represented. But, besides all these, there must have been a crowd of men neither rich nor famous: we may know them, for their surnames, only just becoming hereditary, still tell their occupations. There are reeves, smiths, millers, carpenters in abundance, the representatives of their native townships, and many who were not even representatives of a township had cause to be at Gloucester as pledges, witnesses, finders of dead bodies, suspected persons, and so forth.

It is more important to notice that the whole county (*totus comitatus*) was there as a whole, and we may say in a quasi-corporate capacity. The court of the eyre, besides being a royal court held by the king's judges, was also the ancient county court assembled for an extraordinary session. The county, or the county court (the language of the time has but one word for the two), took an active part in the criminal business. It could testify by word of mouth, for written record it had none, to what had happened at its ordinary sessions[1]; it could declare the customs of the country; it could say how Englishry ought to be presented[2], whether the townships within the Forest of Dean had special privileges[3], whether Fairford might behave like a borough and swear by itself[4] (*jurare per se*), and the like. In what way the county spoke its mind on these matters we are not told. Possibly it spoke by the mouths of the sheriff, the president of its court, and the coroners, its elected officers; but the voice of the county seems to be distinguished from the voices of sheriff and coroners, and the county can contradict the coroners[5]. It is not impossible that there were certain leading men in the county who bore no distinct office, but yet had a customary, if not exactly a legal, right to declare the county's mind. Bracton's printed text[6] says that, after the formal opening of the eyre, the judges ought to take apart into some secret place some four or six or more of the great men of the county, 'qui dicuntur busones comitatus, et ad quorum nutum dependent vota aliorum,' and the judges are to treat with these *busones* about the keeping of the king's peace. No satisfactory explanation of this strange word *busones* is forthcoming, and most critics have thought that it is a mere mistake for *barones*. But there is a record of John's reign which speaks of the *buzones* of Gloucestershire[7]. The

---

[1] E. g. 20, 87, 99, 101, 111, 217, 238, 362, 396.
[2] 98, 119, 128, 183.
[3] 183.
[4] 157.
[5] 396.
[6] f. 115 b.
[7] Abrev. Placit. p. 85.

county court had sent up to Westminster certain knights to make oral record of a plea. The record, it seems, was false, and the knights were arrested. The order is to this effect: let the knights who are wont to take part in false judgments, and who are *buzones judiciorum*, be arrested; and then two persons are mentioned by name and called *buzones*. It may be then that *busones* is really a word, and that by this title were known those foremost men of the county who led the county court and were its mouthpieces.

Every township again was in theory present before the judges by its representatives. A township, for instance, could confess that it had failed in its duties, that it had not presented crimes, or pursued malefactors or the like, and it could be amerced accordingly. Its half corporate character is well illustrated by some strange grammar, for the word *villata* governs now a singular and now a plural verb. Some very deep roots of representative government are laid bare by these eyre rolls.

But it is neither the county nor the township that comes most prominently forward in this record; the main business was transacted between the judges and juries which represented the several hundreds. The boroughs[1] and a few privileged manors had juries of their own and, as the phrase went, swore by themselves. It would be an anachronism to call these juries grand juries, for the petty jury was not yet a permanent institution; still their chief office was to present, not to try, though the difference between presentment and trial was hardly yet developed. Since the Assize of Clarendon in 1166 (not to trace their embryonic history) they had been normal elements in criminal procedure. As to the way in which they were constituted; it seems that in 1194 four knights chosen by the county chose two knights from each hundred, who in their turn chose ten others, so as to make with themselves a jury of twelve for the hundred[2]. In Bracton's day the process seems to have been much the same, but a little less elaborate:—the serjeant or bailiff of the hundred chose four knights who chose the hundred-jury of twelve[3]. The jury was then sworn to make true

---

[1] But the word *villata* is used of the largest towns, even of Gloucester and Bristol.
[2] Select Charters, Visitation of 1194; Stubbs, Hist. vol. i. p. 621.
[3] Bracton, f. 116. See also Fleta, f. 23; Britton, vol. i. p. 22; and the apocryphal statute *De Sacramento Ministrorum Regis* (Statutes of the Realm, vol. i. p. 232).

answer (*veredictum*)[1] to a set of interrogatories which were called Articles of the Eyre (*Capitula Itineris*).

The articles of the eyre had on this occasion been committed to Martin Pateshull. A copy of them we have not, but their tenor can be inferred both from the answers of the jurors, which are the framework of this record, and from other sets of articles belonging to the same period. On the one hand, we have the articles of 1194[2] and of 1198[3] given by Hoveden; on the other, there are the articles given by Bracton. From Bracton we learn that the number of interrogatories was now larger, now smaller, variations being introduced to meet the necessities of time and place. He gives two sets[4]; the shorter of the two is adapted for an eyre in the Cinque Ports and belongs to the same decade as our roll[5]; the longer of the two may well come from a time but little later, but its date has not been exactly ascertained. These being very accessible are not here printed; but almost every article in them might be illustrated from the record before us. We might classify the articles under the two heads of Revenue and Crime, but in so doing might overlook the fact that a distinction between the doing of penal justice and the collection of the king's income is only gradually emerging. The itinerant judge of the twelfth century has much of the commissioner of taxes. The inquisition of 1194 included an extent of the king's demesne lands, and even in Bracton and later books questions about murders and robberies are curiously mixed up with questions about escheats, wardships, marriages, widows, Jews, churches, and other sources of royal revenue. Throughout the thirteenth century the articles which deal with common crime are few and general, and for the more part remain unaltered. The additional matter which in course of time greatly increases the number of the articles chiefly consists of detailed inquiries into the irregular doings of sheriffs and other officers[6].

Seemingly the hundred-jury had time given it in which to prepare its answers to these articles. Three of these Gloucestershire hundreds had a week or rather more[7]. In the interval,

---

[1] The *veredictum* of this period is rather the presentment than the verdict of a later age.
[2] Hoveden, vol. iii. p. 262, and Select Charters.   [3] Ib. vol. iv. p. 61.
[4] F. 116, 117 b.
[5] See Rot. Cl. vol. ii. p. 213; Royal Letters, vol. i. p. 328.
[6] See the set given in Fleta, f. 24, and the apocryphal statute *Capitula Itineris* (Statutes of the Realm, vol. i. p. 233).
[7] This is gathered from an entry at the foot of Roll A, membr. 1.

according to Bracton, the jurors ought to procure the arrest of the suspected persons, the *malecrediti*, whose crimes are to be presented, or, if this cannot be done, then they must draw up a list of these suspects and deliver it to the judges[1]. Such a list doubtless was the *rotulus de privatis*, which will be mentioned in our record[2]. For the rest it does not appear that the jurors put their presentments, their answers to the articles, into writing. The two rolls of which mention will be made hereafter look like the work of clerks who are writing down what they hear, not copying or even translating what they see[3].

It may now be possible within a small compass to prepare the reader for the sort of entries that are made in this record and at the same time to draw his attention to a few very common phrases. We are evidently dealing, not with a document carefully made up after the judicial business which it describes was over, but with a collection of notes jotted down while that business was actually going on. Consequently we must expect language which is summary, elliptical, disjointed. It must be allowed that the Latin is bad; by which is meant not merely that it is medieval Latin (Bracton's Latin is good enough, though it is the Latin of the thirteenth, not of the first, century), but that it is bad Latin in the same sense that modern 'notes of evidence' are bad English. One must read it in jerks, as one would read the notes which judges and counsel now make in court; one must be prepared for very sudden changes of nominative, and willing to fill up breaches of grammar with common sense. The following is a not unfair parody of the worst entries before us:—

Robert was killed by William and fled to the outlawed, wasn't in frank-pledge, was in township of Stowe, therefore amerced, chattels 6^d, sheriff accounts.

We very soon see that it was William who fled and who is to be outlawed, that the township of Stowe is to be amerced because William was living there and was not in frank-pledge, that William's chattels (which are forfeited) were worth 6^d, and that for this sum the sheriff must account. What was said in court must have been said in English. Robert the smith and William the miller knew no tongue but their own. The clerks had rapidly to turn into Latin verdicts and presentments delivered not only in English, but in a dialect of English which may have been very strange to them.

[1] F. 116.   [2] 254.   [3] But see 357.

Any one who is willing to take a little trouble, and to remember that the scribes were listening to English and thinking in English, will find the Latin of these rolls easy enough [1].

Now the presentments (*veredicta*) of the hundred-juries are the framework of this record. This should be remembered, for occasionally we meet with verbs which have no express subject, such as *dicunt, sciunt, nesciunt, malecredunt*; it is the jurors who say, who suspect, who know or do not know, and if William is suspected (*malecreditur*) of having killed Roger (*de morte Rogeri*), it is by the jurors that he is suspected. In some instances the presentment is all that we have concerning the case, for it leads to nothing; as, for instance, when the jurors report that the king has such and such rights. The Countess of Hereford or the church of S. Nicholas is in the king's gift; the church is worth so much, the lady's land so much :—no more can be said of the matter.

Some entries about crime are of this simple kind. In a surprising number of cases murderers, robbers, burglars, evildoers (*murdratores, robatores, burgatores, malefactores*) have come by night to the house of such an one and slain everybody in it. The jurors know not who they were, and suspect no one (*nescitur qui fuerunt, nullus malecreditur*). Here there may be nothing to be done, and occasionally this is noted by the phrase *et ideo nichil* [2].

Then proceeding to entries a little more elaborate, we find many cases in which the presentment is immediately followed by an order of the Court, and, to judge from the look of the MSS., the order was made as soon as this particular presentment was received. For instance, it may be presented that William fell from his horse and was killed, or fell from a boat and was drowned, and that no one is suspected of having killed him. This is adjudged death by misadventure (*judicium,—infortunium*). But the horse, the boat, or other the moving thing that did the mischief, must be devoted, it is deo-dand [3]; or rather (for such seems to have been the practice of the time) the horse has been sold or appropriated by the sheriff

---

[1] Only one special warning seems necessary. The word *suus* simply means *his, theirs*; there is hardly even a presumption in favour of its being used correctly. The document has not here been translated, because the only translation possible would be no more intelligible than the original. Any one who does not understand the phrase *legem facere* does not understand the only equivalent English phrase, *to make one's law*.

[2] E. g. No. 5.

[3] Bracton, f. 122; Britton, vol. ii. p. 16. As to vengeance against brutes and things which move see Holmes, Common Law, Lect. 1.

or some other officer, the jurors then present its value (*precium equi iv sol.*), and an order is made that the officer must account for this (*unde vicecomes respondeat*). The judges seem to have had the power to direct payment of such moneys to pious uses, and the order sometimes is that they be given for God (*dentur pro deo*) to the building of some church, or to the children of the dead man, since they are poor, or the like [1]. Perhaps the officer has already paid, and then the entry ends with *reddidit et quietus*, 'he has paid and is quit.'

Or again, William has been slain; the jurors suspect Roger, who has fled (*Rogerus fugit pro morte illa et malecreditur*), and they suspect no one else (*nullus alius malecreditur*). On this there will at once follow the order that Roger is to be demanded or exacted or put in exigent in the county court and thereupon outlawed (*interrogetur et utlagetur*, or, *exigatur et utlagetur* [2]). A woman would not be outlawed, for she never is in the law; she would be waived (*waiviare*), but the result would be much the same; and according to Bracton, in Gloucester and Hereford, shires near to the turbulent Welsh march, any one may lawfully kill an outlaw even though the outlaw makes no resistance. But having fled for a crime Roger's chattels are forfeited. What were they worth and who possessed himself of them? The answer is given by such phrases as *nulla catalla habuit*, or *catalla ejus v sol. unde vicecomes respondeat*, *unde Adam filius Nigelli respondeat*, *unde villata de Cherletone respondeat*; the sheriff, or Adam Fitz Neal (one of the coroners), or the township of Charlton, has had the chattels and must answer for their value.

Then in a case of homicide there is generally another thing to be considered. Is it a murder (*murdrum*)? for, if so, a fine (*murdrum*) is due from the hundred. The word *murder* is never used to differentiate two degrees of homicidal guilt, it merely means that the slayer has not been caught and that Englishry has not been presented. In accordance with the famous rule enforced by William the Conqueror, the hundred in which a foreigner is slain is fined if the slayer is not produced [3], and in some way or another

---

[1] E. g. 47, 113, 118.
[2] For process and result of outlawry see Bracton, f. 125-135. Note that one may not construe *interrogetur* by *let him be interrogated*; it means *let him be demanded, let him be required to present himself*; this warning is not superfluous.
[3] As to the *murdrum* the old authorities are Will. Conq. I. 22; III. 3;

the strange doctrine has become established that every one is to be deemed a foreigner unless his Englishry (*Englescheria*) is proved. That can only be proved by his kinsfolk, and Bracton says that the rule as to how many kinsmen must testify varies from county to county[1]. In Gloucestershire proof has to be given by two males on the father's side, and one on the mother's side; no woman is admitted[2]. Seemingly the proof is originally given before the coroners in the county court, and then in the eyre the jurors present this proof and produce the original provers (*presentatores*) if they be alive. The judges decide perhaps that all due forms have been observed, or perhaps that Englishry has not been duly presented (*Englescheria non est racionabiliter presentata*), and in the latter case it is adjudged murder (*judicium,—murdrum*). The amount of the fine to be imposed on the hundred is a matter to be considered at the end of the eyre. Many lords have charters which exempt their lands from murder fines, they hold their lands quit of murders (*terras quietas de omnibus murdris*), so that this fine is exacted from the hundred excepting these franchises (*de hundredo exceptis libertatibus*). Towns also such as London[3] and Gloucester[4] have charters which exempt them from *murdra*, and we learn that there are no murders in that part of Gloucestershire which is west of the Severn (*non jacet murdrum ultra Sabrinam*[5].)

We learn also that, at least in this shire, it was not law to take a murder fine for an accidental death. Engelard used to do it, but clearly this is regarded as a lawless act[6]. This is of some interest. In Bracton's day[7] it was the custom in some counties that death by misadventure would give rise to a *murdrum* if Englishry was not presented, and apparently between 1221 and 1247 this custom established itself in Gloucestershire[8]. A little later and this became an important question, one worth a parliamentary struggle. Our final adoption of the principle that misadventure is not murder is proximately due to a severe winter, that of 1257–8. There was a famine, and the poor died right and left in the fields[9]. At the

---

Edw. Conf. (Schmid), 14, 15; Hen. Prim. 91, 92; Dialog. de Scaccar. I. 10 (Select Charters); Bracton, f. 134 b-135 b.

[1] Bracton, f. 135. [2] 1, 119.
[3] See Henry the First's London Charter, Schmid, 2nd ed. p. 434, 'cives... sint quieti... de murdre.'
[4] 450. [5] E.g. 98, 105. [6] 92, 93, 171. [7] F. 135.
[8] Record of 32 Hen. III. cited in Clarke's Fleta, p. 70.
[9] Pauli, Geschichte, vol. iii. p. 714.

famous Parliament of Oxford, in 1258, it was one of the grievances of the barons that the hundreds had to pay *murdra* for the deaths of these starved wretches[1]. Then by the Provisions of 1259 it was ordained that there should be no fine in cases of accidental death[2], and after the Barons' War this, with most of the other Provisions, was incorporated in the Statute of Marlborough[3]. When men had forgotten what a murder fine was, this ordinance gave rise to the strange belief that once on a time he who killed another by accident was hanged as a murderer[4].

In the history of law misunderstandings of this kind play a large part, and very possibly to some such misunderstanding is due the remarkable institution of the frank-pledge which is noticed in almost every entry on the roll. When a man suspected of crime has fled the question at once arises whether there is not some one who is bound to produce him and who must be punished for not producing him. Now the theory is by this time well established that, at least in general, every man ought either to be in frank-pledge or in the mainpast of some great man. It is not a rule without exceptions; a clerk, for instance, need not be in frank-pledge, but still it is the general rule. Now a man is bound to produce to answer for their crimes all those who are of his mainpast, that is to say, the members of his household and his hired servants, those who are fed by his hand. Thus Hugh the Welshman, the servant of Henry de Crupes, *est de manupastu Henrici de Crupes*. Hugh slays Adam with an axe and flies, and Henry not producing him is amerced[5]. Bracton speaking of this matter, and apparently relying on the Leges Edwardi, says that by ancient custom the guest who sleeps three nights in a house becomes part of the householder's mainpast[6]. But as to those men who are not of another's mainpast they ought to be in frank-pledge (*in franco plegio*). About the early history of this curious institution volumes have been written; it cannot be

---

[1] Select Charters, (4th ed. p. 385), art. 21.
[2] Ib. (p. 405), art. 22. [3] 52 Hen. III. cap. 25.
[4] Stephen, Hist. Crim. Law, vol. iii. pp. 36-41. The misunderstanding began very early, and even Coke did not see through it. The number of cases on this roll in which Englishry has not been presented, is very large. Probably if a man from another part of England was killed in Gloucestershire there was no process for compelling his kinsfolk to relieve the hundred by presenting Englishry.
[5] 45.
[6] F. 124 b. See Ass. Clarend. 15, 16; Ass. Northam. 2, which allow of but one night's hospitality without responsibility.

discussed here[1]: suffice it that at the time of our eyre the doctrine has taken firm root, that such a man ought to belong to an association of persons, in general ten in number (*theothinga, thèthinga, decenna*), whose duty it is to bring him to justice if he is charged with a crime. Further it is the duty of the township (*villata*) to provide that all persons resident within it shall belong to such an association, and if this duty be not performed then the township itself will be amerced. There is no such duty as regards those who are merely journeying through the place; hence a constant contrast between one who is *manens* and one who is *itinerans*. The township (*villata*) must be clearly distinguished from the personal association of men that constitutes a *theothinga* or *decenna*, nor must we translate *theothinga* by *tything*, save with the understanding that it does not, at least primarily, refer to a territorial district. The relation of the territorial districts known as tythings to these associations is a much disputed matter, but throughout this roll the distinction is preserved, and indeed tythings as districts are never mentioned. Thus it is noticed that in the township of Swell there is but one *decenna*, therefore the amercement due on account of a criminal's flight falls on the whole *villata*[2]. It seems very possible, however, that this was the case in many townships. The *decenne* or *thethinge* are in general described by the name of the chief pledge, head-borough, or tythingman (*thethingeman, theothingeman*); thus we read of Edward tythingman of Campden and his whole tything[3]. But in a large number of cases we read merely of the frank-pledge of a certain township; thus *fuit in franco plegio villate de Kadeslade*[4]. It is quite possible that this grouping of men into sets of tens or dozens was by no means a very popular, very ancient, or very universal institution, and was to a large extent the creation of lawyers who were misled by texts in the ancient English laws[5]. By this time, however, there was machinery for enforcing the theory. It was the sheriff's duty to hold view of frank-pledge (*visus franci*

---

[1] See Stubbs, Const. Hist. vol. i. pp. 87–89; Schmid, Gesetze, Glossar, s. v. 'Rechtsbürgschaft.'

[2] No. 1.   [3] No. 21; see 9, 10, 11, and many others.

[4] E. g. 34, 36, 46, and many others.

[5] There was no frank-pledge de facto in Bristol (486), or in the Forest of Dean (183). See further, as to places in which there was no frank-pledge, Palgrave, Commonwealth, p. cxxiii. It seems that in this very eyre the judges were satisfied that in Herefordshire the ordinary law of mainpast did not hold good, Bracton, f. 124 b; *Hertford* is probably a mistake for Hereford.

plegii), to see, that is, that these asscciations were in existence, and this gave him an opportunity of amercing the townships. In many manors, however, this franchise, view of frank-pledge, was in the hands of the lord.

The escape of a criminal who is not in frank-pledge is only one of the many causes which may put a township in the king's mercy, or, in other words, make it liable tc be amerced. The township, for instance, is bound to present crimes at the local courts, and is bound to see that dead bodies are not buried before the coroner or the serjeant or bailiff of the hundred has had view of them (*sine visu coronatoris, servientis, ballivi*). The hundred-juries also are very open to amercement. They are constantly amerced for not presenting pleas, appeals, and other matters that ought to be presented (*pro concelamento, pro concelamento loquelarum, pro concelamento appelli*), and they may be amerced for presenting what they ought not to present, as, for instance, a plea that is not a plea of the crown[1]. There must be judgment against the jurors of Holeford *qui in omnibus male respondent*[2]; the jurors of Blidesloe at first appear with a miserably meagre tale, and being sent back to reconsider their verdict, succeed in remembering a goodly number of crimes[3]; on the other hand, it is solemnly recorded that the jurors of Langley give excellent answers[4]. Clearly therefore the judges have some check upon the jurors, and know when they are answering well and when badly; indeed there is an elaborate system of check and counter-check, the sheriff, the coroners, the sheriff's rolls, the coroners' rolls, the representatives of the townships, the hundred-jurors, and finally the whole county, are checks upon each other: any want of harmony between them is cause for amercement[5].

If we were to regard an eyre merely as a mode of bringing accused persons to trial, then we should have to regard this eyre as a very wretched failure. Murders and robberies there have been in plenty; indeed this roll bears witness to an enormous mass of violent crime: but in far the greater number of cases either no one is suspected of the crime, or the suspected person has escaped, and no more can be done than to outlaw him. But eyres such as the present, if frequent, would at least indirectly serve to bring about a better state of things. It is needless to say that professional police there was none, and a just and regular infliction of pecuniary penalties was the only means of bringing the unprofessional police-

---

[1] 68, 260.　　[2] 44.　　[3] 357, 388.　　[4] 143.
[5] E. g. 231, 238, 257.

man (and every man ought to be a police-man) to a sense of his duties. This brought money to the treasury, and doubtless that was an advantage; but we should probably be wrong in regarding the numerous amercements inflicted in this eyre as excessive or unreasonable.

Very likely there was no clause in Magna Carta more grateful to the mass of the people than that about amercements. Amercements are not to be assessed save by the oath of good men of the neighbourhood[1]. The judges then, as the presentments were brought in, decreed an amercement in general terms. The clerk wrote in his roll *et ideo in misericordia*, and put $\overline{mia}$, the abbreviation of the last of these words, in the margin. Then, when all other business was over, came the time for affeering the amercements, that is, for settling how much was in each case to be paid. This was doubtless done in accordance with the Charter *per sacramentum proborum hominum de visneto*, with results which are recorded in the amercement rolls printed below. An examination of them will probably lead to the opinion that the sums exacted, though substantial, were not extravagant. The commonest sum is a half-mark (6ˢ 8ᵈ), and this, or even a mark or two, would not crush a thriving township or hundred. The best evidence on this point is that John's sheriffs had habitually taken far heavier fines, ten, fifteen, twenty marks. When a murder was committed by one who was in the mainpast of the Abbot of Cirencester the abbot paid no less a sum than a hundred pounds[2].

We ought to distinguish the fine from the amercement. At least in later days the amount of the fine was determined by the judges themselves, and this distinction seems to have already existed[3]. The fine is generally paid as the price for freedom from imprisonment; thus if a man begins a criminal suit, an appeal (*appellum*), he finds pledges that he will prosecute (*plegii de prosequendo*), then, if he withdraws from the suit (*se retrahit*), his pledges are amerced (*plegii ejus in misericordia*), but he himself must be taken and imprisoned (*capiatur*) until he makes fine with the king. This he sometimes does at once; then there is entry on the roll *finem fecit per tres marcas*, or whatever the sum demanded by the judges may be. For all sums thus to be paid a surety is usually required; *A de B dat domino regi tres marcas per plegium C de D*. We shall find

---

[1] Probably the charter only decreed a return to the practice of an earlier time. See Madox, Exchequer, vol. i. p. 527.
[2] 268.   [3] See Madox, Exchequer, c. 14.

sureties or bail required for all manner of purposes, especially for the production of a suspected person, if hereafter any one shall accuse him; *A de B dat domino regi tres marcas per plegium C de D ut possit esse sub plegio standi recto si quis versus eum loqui voluerit, plegii ejus C de D, E de F, etc.*; the sureties that he will pay the mark, and the sureties that he will stand to right (*stare recto*), must be distinguished[1]: in case of an appeal it will be the duty of the latter *habere eum*, i.e. to produce him in court, or they will be in mercy *quia non habuerunt quem plegiaverunt*. They have undertaken, taken in hand (*in manum ceperunt*), to produce him.

As to the amount of crime that there has been very accurate statistics must not be expected, for it is clear that the same case is sometimes presented by more than one jury, and there are other obvious difficulties in the way of a precise computation. Still it seems that some 250 persons have met their deaths by what would now be called murders. In an extremely small number of cases is any one brought before the judges and accused of the murder, in a still smaller number is any one hanged; indeed the amount of hanging done is really trivial. Only from a series of transcripts such as the present, can we ever learn whether this state of things was normal, but unfortunately it is easier to make theories of sociology than to ascertain facts. However it would seem from this roll that we ought not to make much allowance because of the then recent war, for apparently all that had been done in the way of fair fighting was not reckoned crime and was covered by the Lambeth treaty. Again, it must be remembered that the statement of the jurors that unknown evil-doers have slain this and the other person is often a statement against interest and therefore credible, for if there has been a *murdrum* the hundred which the jurors represent must pay for it. For the more part the crimes are the crimes of plunderers; a gang of robbers breaks a house, slays, and steals. Two other remarks may occur to us: first, that stabbing is a very common crime, the Englishman carries a knife (*cnipulum*), and on occasion uses it; secondly, that the English beer, of which Pope Innocent spoke, had worse effects than that of inspiring unsound opinions about prescription.

Comparatively few as are the cases in which an accused criminal is brought before the judges, these naturally are the most

---

[1] 'Esse sub plegio standi recto (ad standum recto) si quis versus eum loqui voluerit,' is a very common phrase. Bracton, f. 153-4.

interesting. A few remarks about them will be found at the end of this book. Let it here only be noted that the time of this eyre was a time most critical in the history of our criminal procedure.

The ancient and still the normal mode of bringing a criminal to justice was the appeal, a private suit against the wrong-doer brought by the person primarily wronged. It is only by slow degrees that we have learned to distinguish between crimes and injuries, and only by slow degrees was the theory framed that every crime is an injury to the king in respect of which the king can sue. Again, the ancient and still the normal mode of trying an appeal was battle. But of late years, during the reigns of Henry the Second and Richard, and such part of John's reign as was not anarchy, the law had been making rapid advances, both towards a more reasonable mode of trial and towards a procedure less dependent on the will of the person immediately wronged, more expressive of the fact that crime wrongs the whole community.

As regards the mode of trying an appeal the books of Glanvill and Bracton are two great landmarks. In the former the appellee, unless he be maimed, or his fighting days are past, (in which cases he goes to the ordeal,) has seemingly no choice, he must defend himself by his body[1]; in the latter the appellee has always a choice, he can defend himself by his body, or by his country[2]. Trial by a sworn body of neighbours, already common in real actions, seems to steal its way into criminal procedure without any definite legislation[3]. It was not at first a mode of determining the substantive question of guilt or innocence; it was used for the decision of preliminary and incidental questions. One party to the appeal obtained from the king, bought from the king, the privilege of having such a question determined by an inquest; it may be the question whether the appellee is really a maimed man who need not fight, or whether the appellor is of kin to the slain man about whose death he brings his suit, or some other question of the like kind. But this new procedure was profitable to the king and was reason-

---

[1] Glanvill, lib. 14.

[2] F. 137. Bracton seems a little uncertain whether a man accused of a quite secret crime, e. g. poisoning, can defend himself otherwise than by his body; but finally, as I understand him, decides that even in that case he can go to the country. Mr. Forsyth thinks otherwise.

[3] The materials as yet in print are Palgrave's Rotuli Curiae Regis, and the cases in Palgrave, Commonwealth, p. clxxvi. ff.

able; the class of questions which could be settled by it was not definite, and the questions actually decided by inquest become in course of time more and more substantial, more and more equivalent to the general issue, guilty or not guilty. For instance, so complete a defence as an *alibi* became a matter that might be established by a jury. Another defence, still nearer to the general issue, was maintained in the same way, namely, that the appeal was the outcome of mere hatred and malice (*odium et atia*). From this it would be no long step to the principle that a defendant has choice between two modes of trial; he can fight or he can put himself on his country for good and ill (*et de bono et de malo* [1]). In Bracton's book, though this general principle has become law, we may yet see traces of its growth. When an appeal has been brought the appellee may plead some special defence, some *exceptio*, and if he establishes such an *exceptio*, the appeal fails (*cadit appellum*). A long list of the possible *exceptiones* is given; most of them, as we should expect, go to the form of the appeal: they allege, e. g. that the necessary words about the king's peace have not been used, or that suit was not at once made in the county court, or the like. But among these *exceptiones* we find the substantial defences of *alibi* and of *odium et atia* [2]. These we may regard as survivals from a time when the appellee had not acquired a right to go to the country on the general issue.

Now it would be rash to draw dogmatic inferences from one record when many exist, but apparently this process of development was not complete in 1221, that is to say, the appellee had as yet no perfect right to decline the duel and put himself on his country. There were defences which could be established by inquest, but these had to be specially pleaded. The manner of pleading them was this: the appellee first traversed the whole accusation word by word (*venit et defendit pacem domini regis et feloniam et totum de verbo in verbum*), and then specially pleaded the facts on which he relied. These facts are generally introduced by such words as *set veritatem vult dicere et dicit quod*. Seemingly, however, unless these facts constituted some well-known kind of defence, such as *alibi*, the appellee was constrained to fight. But

---

[1] The history of this process has been well traced by Dr. Marquardsen, Zeitschrift für die gesammte Rechtswissenschaft, i. 374, 392, and Dr. Brunner, Die Entstehung der Schwurgerichte, pp. 469-477.

[2] F. 140, 141, 148.

we must resist the temptation to construct a theory out of inadequate materials[1].

Simultaneously with the process which put trial by jury by the side of trial by battle there went on the process which put indictment, or rather presentment, by the side of appeal. But in the latter process there was more of definite legislation. The jury of accusation, or of indictment, was, if not created, made a regular institution by the great ordinance of 1166, the Assize of Clarendon. Ten years later new power was given to it by the Assize of Northampton. Under these laws, when the hundred-jury and the representatives of the townships on their oath charged a man with murder, robbery, or the like, he went to the ordeal of water, and, if found foul, he lost hand and foot. But some distrust of the ordeal was already shown; if the charge was of the gravest and was generally believed, though the accused came clean from the water, he had to abjure the realm.

Now in 1221 this procedure had just been rudely disturbed. In 1215 the Lateran Council condemned the ordeal, and at the beginning of Henry's reign the relation of England to Rome was such that this decree of the Church was at once and of course obeyed. As already said, the next eyre, and a very general eyre it was, took place in the winter of 1218-9. The judges had already started on their journeys when an order of the king in council was sent round to them[2]. It was dated 26th Jan. 1219, and is of such great moment in the history of our law, and seemingly so little known, that its substance shall be stated—'When you started on your eyre it was as yet undetermined what should be done with persons accused of crime, the Church having forbidden the ordeal. For the present we must rely very much on your discretion to act wisely according to the special circumstances of each case. But in general these rules should be observed:—Persons accused and suspected of grave crimes, such as robbery, murder, and arson, who might still do harm were they suffered to abjure the realm, are to be put in prison for safe custody, but the imprisonment is not to be of such kind as to endanger life or member. If the crimes are of a middle sort and the accused would have gone to the ordeal if the ordeal had not been abolished, they may abjure the realm. If the crimes laid to their charge be small, then they must find pledge to

---

[1] See 434. In 87 the appellee goes to the duel after the jurors have said that they well know that he is guilty.

[2] Foedera, vol. i. p. 154, from Rot. Pat. It is also printed in Dugdale, Orig. Jur. p. 87.

keep the peace. The whole document, with its division of crimes into *graviora, media, minora*, is very untechnical, and leaves a great deal to judicial discretion. This gives the eyre rolls of the next years a great and special importance.

It will be observed that not one word is said about putting such accused persons upon their trial. In the case of grave crime and grave suspicion they are to be imprisoned; but this imprisonment is merely the safe custody of persons who are suspected, not the punishment of persons who have been tried and found guilty. This suggests that there was felt to be injustice in trying a man by his neighbours unless he had consented to be so tried. It is well known that, at a later date, this idea blossomed out into the pedantic cruelty of the 'peine forte et dure[1],' and Dr. Brunner has shown that this same idea was at work both in Normandy and in other parts of France[2]. It has long been known, however, that in this matter, as in many others, English law became more pedantic as English lawyers became more professional, and it has long been suspected that at least some judges, in the early part of Henry the Third's reign, saw no insuperable objection in the way of trying a man who distinctly refused to be tried. The ground for this suspicion has been a note by Emlyn in Hale's Pleas of the Crown[3]. From the Warwickshire roll of this very eyre, that of 1221, he produced two cases; in each it is recorded very plainly that the accused *non vult ponere se super patriam*, whereupon twenty-four knights chosen *ad hoc* endorse the accusation made by the twelve hundredors, and the accused is hanged. Thus did the Abbot of Reading and Martin Pateshull in the county of Warwick; what they did in the county of Gloucester may be seen below. There are seven instances of an accused person declining to be tried and these are dealt with in a manner that is provokingly inconclusive; possibly the judges were only feeling their way towards the principle upon which they most undoubtedly acted when they got to Warwickshire. Apparently the accused gets just the same trial that he would have had if he had put himself on his country, and if the evidence is conclusive against him he is hanged; but, unless it is quite conclusive, he is left in prison or allowed to abjure the realm or even suffered to find bail[4].

[1] See the full account in Stephen, Hist. vol. i. pp. 297-301.
[2] Pp. 474-477.
[3] Vol. ii. p. 322 note. The roll is Assize Roll M $\frac{6}{16}$ 1.
[4] 111, 161, 213, 316, 330, 414, 435.

Bracton certainly does not speak out very definitely on this point. He argues at length, but with great caution[1], that if an appeal has failed by the death or default of the appellor, it is the king's right and duty to prosecute the appellee, for the appellor is not the only person wronged; the king is wronged, since his peace has been broken. But how can the king prosecute? You would not have him fight; besides he cannot bring an appeal, for he cannot say that he saw or heard the crime. The only possible mode of trial therefore is by the country. The accused therefore must be compelled to defend himself by the country. And after all there is nothing strange in this; a woman, a maimed man, a man over sixty, can bring an appeal, and in such cases it seems that the appellee must be tried by the country. Well, it must be the same when the king is the accuser.

When, however, we ask what is meant by compelling a man to defend himself by his country, we only get in answer the phrase that if he refuses he is seemingly undefended and quasi-convict. This suggests that he is to be sentenced without further ado, and this may be Bracton's meaning. But for some reason or another he did not choose to speak very positively[2]. His language is that of a man who is hinting at a questionable and unpopular opinion. By the beginning of Edward's reign formalism had prevailed; the man who would not put himself on his country could not be sentenced, could not be tried; he was to be rigorously imprisoned until he uttered the words which would give the court jurisdiction to try him[3].

Only one other question can here be stirred:—When a man was to be tried what was the constitution of the inquest, of the body that tried him? In the first place we must be careful not to anticipate later history by supposing that there was any jury that tried him in the manner in which a modern petty jury tries a modern culprit. The jurors who said that a man was or was not

---

[1] F. 142 b: '*Videtur* etiam quod appellatus non solum tenetur appellanti immo domino regi .... Recurrendum est igitur ad patriam, *ut videtur*, quod quidem si inculpatus recusaverit *videtur* quod sit indefensus et per hoc quasi convictus .... Igitur in iis casibus *ut videtur* tenetur quis se defendere per patriam.'

[2] To this it can only be added that a man may have put himself on an inquest 'gratis vel invitus' (f. 143), 'sive sponte sive per cautelam inductus sive per necessitatem' (f. 143 b). The meaning of *invitus* and *per necessitatem* is never explained.

[3] Britton, vol. i. p. 26; Fleta, f. 51; Stat. West. i. c. 12.

guilty did not come with open minds to the investigation of evidence given by others; they themselves were the witnesses; their verdict was their sworn testimony. Sometimes perhaps they, or some of them, had really seen the crime, more often their knowledge must have been inferential, and we shall meet with some curiously argumentative verdicts[1]. Occasionally other persons who are not jurors give evidence[2], and it seems that the accused himself was sometimes questioned[3]. The evidence of these other persons is mentioned along with the evidence or the verdict (call it which we will) of the jurors[4]; this body of testimony is the case against the prisoner, and it is by no means certain that the judges were bound to accept what the jurors said as perfectly conclusive[5]. In some cases, however, we seem to see a rudimentary distinction between testimony and verdict. Apparently the judges occasionally pressed the jurors for an exact answer to the question, 'guilty or not guilty.' This seems the explanation of the phrase, which often occurs, 'juratores *precise dicunt* quod est culpabilis, quod non est culpabilis.' They are pressed *precise dicere*, to answer Yes or No[6].

Next it should be noted that the trying body or body of sworn testifiers, was variously constituted. Occasionally a person pays money to the king that he may have an inquest[7], and it would seem that he might still buy the right to be tried by a body constituted in some particular way. He might pay to be tried by the jurors of two hundreds, or of three hundreds[8], and because of local enmities such a payment may sometimes have been expedient. The section of the charter[9] which declared that a writ of inquest touching life and members should be granted gratuitously was not construed as forbidding the receipt of such payments. Then again we are told in one case that the defendant would not put himself upon the oath of the twelve jurors, nor upon the county, nor upon a jury of any kind, *non vult ponere se super veredictum xii jur* [*juratorum*], *neque eciam super comitatum, neque eciam super aliquam jur* [*juratam*][10]. Several alternative modes of trial seem to have been offered to him,

---

[1] 101, 330. [2] 189, 254, 394, 414. [3] 111. [4] 394.
[5] 254. See 238, in which a juror is amerced because the other jurors contradict him.
[6] E. g. 14, 52, 67, 76, 152, 228. [7] E. g. 12, 52, 287.
[8] 52; a trial by three hundreds. [9] John's charter, c. 36.
[10] 435. It should be mentioned that throughout this roll the same abbreviation *jur* is used for both *juratores* and *jurata*. The context, however, seldom leaves room for doubt as to which is meant.

and he refused them all. Again, in the two Warwickshire cases noticed above, a form of trial was apparently adopted of which there is no instance in this Gloucestershire roll; the criminal was held guilty by the twelve *juratores* and by twenty-four knights elected *ad hoc*. It was a time of experiments and new devices. When Bracton wrote the form of the inquest had become more fixed; 'a man,' he says, 'may put himself on his country (*patria*), but it is not in his power to choose upon what *patria* he will put himself[1].' The theory that trial by inquest is a royal favour that can be purchased had apparently become extinct.

But, even when the person to be tried makes no payment for an inquest, then in this roll the phrase in which he consents to a trial varies from case to case. He puts himself upon his country (*super patriam*), upon the vicinage (*visnetum*), upon the oath of the twelve jurors, and the like. Possibly all these phrases mean the same thing, for it is noticeable that a change of phrase is often coincident with a change of handwriting on the roll. There is one clerk, for example, with a very well marked hand of his own, who constantly makes express reference to *xii juratores* and *sacramentum xii juratorum*; in the parts of the roll not written by him these very phrases seldom occur[2]. This should serve as a caution against hasty conclusions. Clearly the mode of recording crown pleas was not yet stereotyped. And in whatever words the man submits to trial, the mode of trial seems much the same. Certain *juratores*, *xii juratores*, say that he is guilty or innocent; if innocent, then he is acquitted; if guilty, then recourse is had occasionally to the *juratores* of another hundred, but more usually to three, or still more usually to four, neighbouring townships (*quatuor villate proxime*): if these agree with the *juratores*, as in this record they always do, then sentence is given.

But, it may be asked, Who are these *juratores* who, along with the four townships, finally pronounce a man guilty? Are they the jurors of the hundred, the presenting-jurors, or is another set of jurors sworn in to try the particular case? This same question has exercised readers of Bracton. At the beginning of what he says

---

[1] F. 138 b; *patria* in this context never means England, but is a synonym for *visnetum*.

[2] This refers to the roll hereafter called A. This clerk writes 227-241, and again with a few intervals 326-447. The other roll seems almost entirely the work of one hand, but the phrases in both vary with the handwriting of A in a very noticeable manner.

about the eyre Bracton describes the election of the hundred-jury and the oath that the jurors take, which oath is an oath in general terms to answer the questions that shall be put to them [1]. Then, after an interval of many pages, he describes the trial of one who has put himself upon his country [2]. Those who try such an one are *duodecim juratores et quatuor villate*. Mr. Justice Stephen, while admitting that the question is very doubtful, thinks that these *juratores* are not the hundred-jurors, because he thinks that 'two distinct occasions are mentioned in which the jurors swear [3].' To differ from the historian of criminal law is probably to err, but still this is not quite what Bracton says. When he describes the trial he says that twelve jurors and four townships being present, each of the township representatives (*quilibet de villata*) is to swear by himself or *all* are to swear together. The oath they swear is very much like that taken by the hundred-jurors at the beginning of the eyre. But nothing seems to be said as to the *duodecim juratores* swearing a second time, and the inference suggested is that they are already sworn. This may leave the procedure of Bracton's day somewhat doubtful, but a patient reading of the whole of this record will hardly leave room for doubt about the practice of 1221. Throughout, the *juratores, duodecim juratores*, seem to be the sworn hundredors who are making answer to the Articles of the Eyre. This does not involve the conclusion that a man is usually tried by those who have already expressed a belief in his guilt. The hundred-jury is bound to present that a man has been appealed (*appellatus*) or, more vaguely, accused (*rettatus*) of a crime, though they themselves do not think him guilty. In the same breath our record tells us that *juratores* declare a man innocent, and that *juratores* are in mercy for not having presented the case in due time [4]. The petty jury is still in the future, and perhaps we should look for its germ in the *quatuor villate* to which recourse is had when the *juratores* say that a man is guilty

The historians of trial by jury have left almost unnoticed the part which is played by the four townships in the first half of the thirteenth century. Their activity has not been traced to any definite legislation; but it is not unlikely that from of old the proper legal witnesses to any occurrence were the four neighbouring townships. Thus in the *Leges Edwardi Confessoris* [5] the man

---

[1] F. 116. [2] F. 143 b. [3] Hist. vol. i. p. 258.
[4] E. g. 12; and see 181 and 229. [5] Cap. 24 ,22 . Schmid.

who has found stray cattle must show them to the priest, the reeve, and the best men of his township, and then the reeve must send to the three or four nearest townships and must disclose the matter to the priests, the reeves, and best men of those townships. So, in the books of the thirteenth century[1], the man who has been injured, and who is going to bring an appeal, must in the first place raise hue and cry, and go to the neighbouring townships and declare the crime; and in the later books the appellor is always made to say that he at once made suit to the *four* neighbouring townships[2]. It may be thus that the four townships became a second body of witnesses which could traverse the testimony of the hundred-jury. At any rate, in the roll before us, in case the twelve jurors think a man guilty, it seems the regular practice to take the opinion of three or four vills[3], or of the jurors from another hundred[4]. In the Warwickshire roll from this same eyre the recording clerk has given even greater prominence to the townships, as sometimes he has stated separately what each of the four *villate* said. Many of these matters, about which we now dare give but very hesitating opinions, will some day be cleared up, when Englishmen begin to realise the fact that the history of English law, and in particular the history of the petty jury, is still in MS. But now it is high time to speak of the rolls whence this transcript is made.

There are in the Record Office two rolls containing the Gloucestershire business of this eyre. Let them be called A and B.

Roll A is among the Coram Rege Rolls, and may be had by asking for *Coram Rege Roll, Henry* 3, *No.* 13. It is a set of 24 membranes. The first is the roll of essoins taken at Gloucester. The second is headed *Placita de Itinere apud Glouc. anno R. H. quinto;* this and the six next membranes contain the civil business done at Gloucester. The ninth has the civil buiness done at Bristol. With the tenth this transcript begins. The list of amercements begins on the 21st membrane.

Roll B is among the Assize Rolls and is known as

$$\text{Assize Roll } \mathrm{M}\left.\begin{array}{c} \\ 2 \\ 14 \end{array}\right\} 1.$$

It is a set of 20 membranes. The first is headed *Placita de*

---

[1] Bracton, f. 139 b; Fleta, f. 49.
[2] See e. g. the forms of appeal in the Novae Narrationes.
[3] 101, 213, 228, 229, 326, 330. [4] 111, 316.

Itinere apud Gloucestriam anno H. Regis secundi[1] *quinto.* It begins with civil business done at Gloucester. The seventh parchment has the civil business done at Bristol. With the eighth begin the pleas of the crown, which come to an end on the nineteenth. The twentieth has some civil pleas, and possibly is not in its proper place. This roll has no list of amercements.

The latter of these rolls is in very good condition, while in the former the lower part of almost every membrane has suffered badly. In general the damage has not gone far beyond the margin, and only some twenty or thirty cases are very seriously mutilated. Again, while B seems for the more part the work of one hand, at least some four different clerks have been employed upon A. The strips of parchment in A are in general both longer and wider than those in B, and perhaps hereafter, when a sufficient number of rolls have been examined, this fact may prove to be of some significance.

The relation between these two rolls is intricate and curious. The parts of them which contain pleas of the crown have been carefully compared. In general they agree word for word, and that too both in what seem to be blunders and in some very strange phrases, literal translations of English colloquialisms, and the like. Again, in both there are what shall be called *postscripts*, that is to say, the clerk, having carried his report of a case to a certain point, has passed on to another case, and afterwards he, or some other clerk, has gone back to the former case and added some new facts, the verdict of a jury or the like. In many instances the fact that a passage is postscript is very obvious, for the scribe had not left enough room for the additional materials and was put to shifts for space. What is clearly postscript in one of the rolls is generally postscript also in the other. Further, when a phrase has been introduced into one by interlineation, a similar interlineation is often found in the other; when a word has been struck out in one it has often been struck out in the other also;

---

[1] A modern hand has rightly noted how it is *certo certius* that this roll comes from the time of the third Henry, not of the second. The heading seems part of the document as originally written, and the strange mistake may cause doubt as to whether the roll is not a transcript made at a time when such a blunder would have been more natural than in 1221. But everything in the roll is against this supposition. An endorsement old, but not so old as the record, ascribes the roll to the eyre of the Abbot of Evesham in the fifth year of Henry Fitz John. This is in part written over a still older endorsement, which has been so much rubbed that I cannot read it. It might be worth an expert's attention.

when the erasing knife has been used on the one it has sometimes been used on the other also.

But while the agreement about words is generally perfect, in spelling there is great divergence. This may be noticed even in common words[1]; but as to names of places in no way famous the two rolls as often as not disagree about the spelling of them, and sometimes the variance is very marked indeed. Apparently the scribe of each roll was in this matter quite dependent on his ear.

Again, the verbal agreement is not perfect. Generally it is quite perfect in the report of any story, whether told by jurors or litigants, and for some most curious turns of phrase we have the authority of both rolls. On the other hand, in the common forms of judgment and the like there is habitual but immaterial divergence; thus one clerk will, for a while, steadily write *judicium murdrum*, the other, *et ideo murdrum;* one, *exigatur et utlagetur*, the other, *interrogetur et utlagetur;* in A the phrase *de nocte* is very common, in B it is almost always represented by *noctu*.

But from time to time the divergence between the two goes beyond these small matters. One roll will supply some fact or some bit of reasoning not to be found in the other, and though in general it is A that gives the fuller report, still this is not always the case, and B occasionally supplies what is lacking in A.

Lastly, there are some instances in which the order of the entries in A differs from that in B. Among the pleas of the crown this is mostly found in connection with a statement that the jurors are in mercy for concealing pleas (*pro concelamento loquelarum*), and it looks as if each clerk had introduced the belated presentments where he could best find room. In the parts of the rolls which contain civil pleas there seems to be still greater disagreement as to the order in which the cases shall be introduced, and it is not improbable that the introductory matter of the cases which were going to be heard was sometimes written down before the proceedings in court took place; thus the clerk had mapped out his roll by writing e.g. 'the assize comes to testify whether William disseised Roger; the jurors say,' before the jurors had said anything, and then, as the jurors brought in their testimonies, the gaps which had been left were filled up.

---

[1] The spelling in B is curious; more than once, e.g. it has *parkentes* for *parentes*.

The most plausible theory therefore as to the relation between these two rolls is, that neither was copied from the other, but that the two were kept by clerks sitting side by side, whose duty it was to produce records perfectly harmonious about all matters of importance. The spelling of a local name was of no importance; whether one should write *exigatur* or *interrogetur* was of no importance: but it was of great importance that the rolls should agree about the very words of witnesses, parties, jurors.

With regard to the postscripts it should be observed that, with one exception (an account of duels at Hereford and Worcester, found in B but not in A[1]), nothing has been written on the roll of crown pleas that may not have been written in Gloucestershire. Among the civil pleas there are a few cases of later postscripts from Hereford, Worcester, and even from Westminster. As a rule, however, there seems to have been no attempt to 'make up a record,' i.e. to present continuously the successive stages of each case. Only what happens in Gloucestershire is put on this roll, though it may be no more than that the parties are adjourned to Hereford or to Westminster.

There is therefore little to choose between these two rolls. But on the whole A, though mutilated, seems rather the more worthy to be the subject of a transcript. In the first place it gives us, and B does not, the list of amercements, which is of great value, if we are to have a complete picture of the eyre; and in the second place the main part of this roll has apparently been used in the drawing up of this list of amercements. In A there are not a few cases in which the text states that so and so is *in misericordia*, and the abbreviation $\overline{mia}$ is duly entered in the margin; but afterwards a pen has been drawn through this symbol, and occasionally a reason is given why there is to be no amercement: the person is dead (*obiit*), or is poor (*pauper*), or is pardoned (*perdonatur*), or, for some reason or another, is not to be fined (*nichil*). These marks and notes are much more frequent in A than in B and suggest that, when the time for assessing the amercements came, the former roll was used as the basis of the work and the body of that roll was brought into harmony with the list of amercements by a process of correction. So again postscripts are more common in A than in B; for instance, when both rolls have told us that John is to be kept in custody (*custodiatur*), A will add that afterwards he made fine (*finem fecit*); apparently therefore A has been posted up to the

---

[1] 87; see also 274, which perhaps records a payment made at Westminster.

end of the Gloucestershire session, and we have in it the very latest intelligence. Lastly, it may be noticed that amongst the civil pleas A has several enrolled instruments, deeds of grant and the like, which B has not. Again, it records the election of the coroners, which B does not. It looks therefore as if A was the roll which was to be kept in the treasury; the roll which would check the sheriff's accounts; the roll to which a litigant might hereafter appeal as establishing some matter of record. On the other hand, B may be a roll belonging to the judges in general, or to some judge in particular.

And now the transcriber must give an account of his doings. I have copied from A when A was legible, and when the margin of A was damaged so that an entry on that roll wanted but a few words to make it perfect, the corresponding words have been supplied from B. I wish now that I had more carefully noted the exact amount of help derived in this way from B, but it has been small. Whenever the entry in A was at all seriously mutilated, the corresponding entry has been copied from B, and the entries thus taken from B may be known by the [B] placed before them in the text.

In the foot-notes attention is drawn to the material differences between A and B, material, that is, in a lawyer's view; but of merely verbal or literal differences I have in general made no note. This transcript does not profess to be worthy of any philologist's or grammarian's attention. If these rolls are worth editing as specimens of medieval Latin (their value as such must, I should imagine, be very small), they must be edited by some one much more learned than I am.

It is a difficult question how such a document as this is best transcribed and printed. On the one hand, absolute fidelity seems to require the use of type which shall, as far as possible, reproduce the marks of abbreviation which are very freely used in the original. But such type is repulsive to modern eyes, the use of it is expensive, and, after all, though it may confine the transcriber's chances of blundering within somewhat narrower limits, it still leaves a large room wherein his ignorance and carelessness may display themselves. In this case again the document itself is in the safest custody and is easily accessible to most of those who would really care to read a facsimile of it. Therefore the most opposite course has been taken, and I have endeavoured to write out in full every abbreviated word. This certainly has given me abundant opportunities for making mistakes of many kinds. The abbreviated words are very numerous, and the clerks in their haste have made great use not only of the regular stenographic signs, each of which has a specific meaning, but also of the indiscriminating dash, which, when drawn over the end of a word, may stand for almost any termination. It is not improbable that in many cases these have been misinterpreted, especially when the abbreviated word is the name of a place. To make a first-rate copy of such a roll as this would require knowledge of many kinds, grammatical, etymological, historical, geographical, antiquarian, to which I can make no claim (*et ideo in misericordia*); it must be enough if I have not misrepresented matters of law.

The abbreviated words written in the margin of the roll have not been expanded, but have been printed in what is something like their original form. These abbreviations are easily intelligible. The chief are these:—

mīa, mīe, = misericordia, misericordie; some person or persons is or are to be amerced.

trāns = transgressio; some one has committed a trespass, or rather a misdemeanour[1].

ad jud = ad judicium; a judgment is to be given against some one.

cap = capiatur; some one is to be taken into custody.

custod = custodiatur; some one is to be kept in custody.

exig, utlag, utdūs, = exigatur, utlagetur, utlagandus; some one is to be put in exigent and outlawed.

abjur = abjuravit; some one has abjured the realm.

loq = loquendum; the matter must be further discussed.

dō dand = deodandum; something is deodand.

mdr = murdrum, a murder.

When one of these marginal notes is printed within brackets, thus [cap], this means that a pen has been drawn through the note in the original. In the text the printing of a word in italics means that I am more than usually doubtful of its correctness; the printing of a word in italics and within brackets means that it is conjectured to supply the place of a word wholly or partially lost or by me illegible. There being two MSS, which generally agree verbatim, little has been left unread; but there are a few very obscure interlineations in A.

[1] The *transgressio* of this time is rather a small crime than a civil injury.

The following liberties have been taken with the text. The cases have been numbered. Arabic numerals have been used instead of Roman; instead of xiii s. is printed 13ˢ (13 shillings); and instead of dim m̄ is printed ½ᵐ (a half-mark, 6ˢ 8ᵈ). More small stops have been inserted than there are in the original; but this has not been done when there seemed the least danger that the change would determine the meaning of an ambiguous passage. I have not been particular about the use of capital letters, which in the rolls are sparingly employed by some scribes and lavishly by others.

For the faults of this book no one but myself is answerable. Nevertheless I must thank Mr. Selby of the Record Office for having assisted me in the reading of some words. It has been my happy fortune to learn from Professor Vinogradoff very many things which have made Bracton's book far more intelligible and interesting to me than it was before; I hope that I have only heard in advance what he will soon make known to the world. From my friend Frederick Pollock I have had not only the kindest encouragement, but also ready help out of many difficulties.

NAMES OF THE HUNDREDS, TOWNS, AND MANORS FOR WHICH JURIES APPEAR[1].

[H. = Hundredum; V. = Villata; M. = Manerium.]

H.	Kiftsgate	1–20.
V.	Campden (Chipping)	21–27.
H.	Holeford and Gretston	28–46.
V.	Winchcomb	47–52.
H.	Slaughter	53–64, 71–75.
V.	Slaughter	65–66.
V.	Stow (on the Wold)	67–70.
H.	Tibaldston	76–84.
V.	Marshfield	85.
H.	Deerhurst	86–110.
H.	Agmeed	111.
H.	Grumbaldsash	112–122.
M.	Gotherington	123.
M.	Wick (Abston)	124.
M.	Sodbury	125.
H.	Berntree, Henbury	126–135.
V.	Thornbury	136–139.
H.	Langley, Olveston	140–143.
H.	Brightwellsbarrow	144–158.
H.	Rapsgate	159–167.
H.	Bradley	168–181.
	Forest of Dean	182–197.
H.	Cheltenham	198–213.
H.	Longtree	214–229.
H.	Tewkesbury	230–241, 244.
V.	Tewkesbury	242, 243.
H.	Cirencester	245–265.
V.	Cirencester	266–277.

[1] The order in which they appear is not determined by geography. Several ancient hundreds have now been absorbed, e.g. Holeford, and some new ones have been created. I have not been able to identify Aggemede.

H. Pucklechurch	278–281.
H. Berkeley	282–311.
V. Berkeley	311 a.
V. Newnham	312–316.
H. Westbury	317–343.
H. Bisley	344–355.
H. Blidesloe	356–357, 388–401.
H. Botloe	358–387.
H. Dudstone	402–436.
H. Whitstone	437–447.
V. Gloucester	448–469.
H. Swinehead	471–480.
V. Bristol	481–end.

PLACITA CORONE

DE COMITATU GLOUCESTRIE ANNO QUINTO REGIS HENRICI.

[Memb. 10.]

Hundredum de Kyftesiate.

HENRICUS DE DROIS et Adam filius Nigelli in misericordia pro defalta[1]. Alibi. [mīe]

1. Willelmus le Cornur de Swelle occidit Willelmum Molendinarium sicut venerunt de cervisia et fugit; et fuit in franco plegio villate de Suelle eo quod non est ibi nisi una decenna, et ideo villata in misericordia. Postea cognovit villata quod non fecerunt sectam post eum et ideo in misericordia. Willelmus utlagatus est per sectam Matillidis utl uxoris ejus, et mortua est. Catalla ejus $3\frac{1}{2}^m$ unde Engelardus de Cigonni tunc vicecomes respondeat. Englescheria falso presentata est, scilicet per alios quam fuit in comitatu et ideo murdrum. mīa / $3\frac{1}{2}^m$ / mdr

Et sciendum quod in hoc comitatu debet Englescheria presentari per duos ex parte patris et per unum[2] ex parte matris.

2. Rannulfus Thurkill occisus fuit sicut venit de quadam cervisia de Stowe et Adam filius Rannulfi eum occidit et fugit; et fuit in franco plegio villate de Swelle Abbatis; et ideo in misericordia; nullus alius malecreditur et ideo mīa interrogetur et utlagetur; nulla catalla habuit; Englescheria utdus est presentata.

3. Alicia uxor Roberti de Harford appellavit Walterum Waihoc de morte Roberti viri sui; et Alicia mortua est; et

[1] See note.   [2] Substituted for *duos*.

Walterus non venit, et attachiatus fuit per Radulfum de Tedeham, Rogerum filium Cecilie[1], Nicholaum Guat et Robertum Hoy; et ideo in misericordia; Walterus non malecreditur, immo dicunt juratores quod obiit infirmitate sua sine plaga; et ideo inde quietus; nichil habuit.

mie

4. Eva de Todenham appellavit Herewardum prepositum de Langebirge de rapo, et mortua est; et Herewardus venit et non malecreditur; et ideo inde quietus.

5. Gaufridus Wind appellavit Walterum de Shireburne et Walterum nepotem suum et Jacobum servientem suum de pace Regis infracta et roberia et plaga; et Gaufridus non venit et invenit hos plegios de prosequendo, Robertum de Crupes, et mortuus est; et Walterus de Shireburne mortuus est. Et ipse Walterus manucepit Jacobum et Walterum nepotem suum; et ideo nichil[2].

6. Blissia de Sherdcote que appellavit Robertum filium Winchardi de rapo non est prosecuta, et ideo plegii de prosequendo in misericordia, scilicet Walterus de Shireburne et Reginaldus pater suus, et mortui sunt; Robertus non venit et attachiatus fuit per Henricum Winchard[3], et ideo in misericordia[3], et alius plegius mortuus est.

mia

7. Quedam Matillis de Chauelingewurth occisa fuit in domo sua a latronibus; nescitur a quibus; nullus malecreditur; Englescheria non est racionabiliter presentata, et ideo murdrum.

mdr

8. Thomas Moraunt occidit Henricum filium Baldewyn, et fugit in ecclesiam, et cognovit factum et abjuravit regnum; et Philippus de Mukeletone rettatus fuit de forcia illa; et venit et custodiatur. Et Willelmus Longus, Rogerus Turnol, Radulfus Prion, Johannes filius Osgod, Wilekinus frater ejus, Gaufridus Molendinarius, Wilekin Bonpas, Bertram filius Walteri rettati fuerunt quod fuerunt cum eis quando Henricus occisus fuit; et ideo vicecomes

[custod]

---

[1] In A these two names are struck out and *obiit* is written above the first.
[2] This is from B, which in a small detail varies from A.
[3]–[3] Interlined.

capiat plegios de eis quia non malecreduntur. [1] Postea
Philippus non malecreditur et ideo quietus [1].

9. Ivo le Messer de Mukeletone occidit Segrun de
Mukeletone in campis de nocte, et fugit; nullus alius
malecreditur; Judicium,— interrogetur et utlagetur; fuit in ūtdūs est
franco plegio Durandi de Vuertone; et ideo in miseri- m̄ia
cordia; catalla ejus 10ˢ 4ᵈ unde heres Henrici de Chauelin- 10ˢ 4ᵈ
gewurth tunc coronatoris debet respondere. Englescheria
fuit presentata.

10. Johannes Hotte occidit Matillidem uxorem ejus et
fugit; nullus alius malecreditur; exigatur et utlagetur; ūtdūs
fuit in franco plegio Philippi Trace; et ideo in misericordia. m̄ia
Catalla ejus 17ˢ unde Radulfus Musard respondeat. Engle- 17ˢ
scheria non est presentata; Judicium,—murdrum. mdr

11. Rogerus de Mune et Ranulfus *Eynolk* frater ejus
occiderunt Willelmum filium Henrici, et fugerunt, et Ranulfus fuit in franco plegio Sandulfi de Meone; et ideo in
misericordia; et Ranulfus exigatur et utlagetur et Rogerus m̄ia
similiter. [2] Postea vero testatum fuit quod Rogerus non ūtdūs
fuit culpabilis de facto nisi tantum quod ipse interfuit.
Postea autem venit Ricardus de Cloptone et finem fecit
pro eodem Rogero quod possit esse sub plegio standi recto
per 6ᵐ unde Henricus plegius et plegii ejus standi recto
inferius [2].

Villata de Meone in misericordia pro defalta et pro con- m̄ia
celamento predicti Rogeri de quo nichil dicere voluerunt.

Villata de Edelmintone concelaverunt predictum Rogerum eodem modo, et preterea falso presentaverunt
mortem Hawisie uxoris Willelmi predicti que appellavit
ipsos Rogerum et Ranulfum, et postea cognoverunt quod
vixit, et ideo in misericordia.

Postea cognoverunt quod receptaverunt Rogerum post cap
fugam, et ideo in misericordia, et Rogerus capiatur et trans
Hawisia capiatur.

[1]–[1] Not in B.   [2]–[2] Postscript, and not in B.

Catalla eorum 3^m [1]. Set inquiratur de catallis Rogeri unde Hugo de Coillardvilla unus coronator respondeat; Englescheria Willelmi non est presentata et ideo murdrum.

[2] Plegii Rogeri de Menes standi recto Ricardus de Cloptone, Johannes de Welleforde, Willelmus de Quentone, Hugo de Stokes, Ricardus de la Hurst, Hugo le Franceis, Johannes de Mene, Johannes de Quentone, Willelmus de Mene, Ricardus filius Johannis, Rannulfus de Quentone, Henricus de Monte[2].

12[3]. Emma uxor Ricardi Goldine appellavit Philippum de Mukeletone et Philippum fratrem Willelmi Bertram de morte Ricardi viri sui; et Emma mortua est, et Philippus frater Willelmi similiter; et Philippus de Mukeletone venit et defendit totum et offert ½^m pro habenda inquisicione per plegium Stephani de Mukeletone. Juratores dicunt quod non est culpabilis, et ideo inde quietus. Ad judicium de juratoribus qui concelaverunt appellum illud.

13. Ivo de Westone occidit Galienum de Westone et fugit; et fuit in franco plegio villate de Westone Roberti Mauduit; et ideo in misericordia; nullus alius malecreditur; exigatur et utlagetur; Englescheria non est presentata, et ideo murdrum. Ivo nulla catalla habuit.

14. Willelmus Smaltrot occisus fuit ab hominibus de comitatu Warrewice; et juratores malecredunt de morte illa Willelmum prepositum de Ludintone, et precise intelligunt quod ipse occidit eum; et Ricardus Choud, et Rannulfus filius uxoris ejusdem Ricardi, Radulfus de Wilmecote qui fuit caretarius domini, fuerunt in forcia illa, et hoc idem intelligunt juratores; et ideo loquendum in comitatu Warrewice; et Alicia et Matillis sorores Willelmi appellaverunt eosdem de facto illo in comitatu Warrewice eo quod ibi vulneratus fuit; set obiit in hoc comitatu.

---

[1] In A several sums have been written and scratched out; there must be further enquiry about Roger's chattels which he has forfeited by his flight.

[2-2] Not in B.

[3] In B this case appears not here but at the end of the cases from Kiftsgate hundred.

15. Willelmus de Bussere occidit Herewardum de Merstone et fugit; et appellatus fuit per sororem ipsius Herewardi ita quod ipsa secuta fuit ad duos comitatus; nullus alius malecreditur; Judicium, — exigatur et utlagetur; soror mortua est; Willelmus non fuit in franco plegio quia non fuit manens in partibus illis. Catalla ejus 2^s unde vicecomes respondebit. [1]Testatum est quod hoc fuit in guerra et per infortunium et ideo finem fecit pro 20^s ut possit esse sub plegio standi recto[1]. Et juratores falso presentaverunt loquelam illam et perverse concelaverunt mortem illam, et ideo in misericordia; et inquiratur ubi loq Willelmus manet.

16. Cecilia filia Edwini de Huniburne appellavit Aluredum de Wigornia de rapo et non est prosecuta, et affidavit sequi, et ideo capiatur; et villata de Hunniburne Abbatis de Winchecumbe concelavit appellum illud, et ideo in misericordia; Aluredus non fuit inventus.

17. Radulfus le Blodletere et Willelmus filius Aldwini, Thomas le Forester [2], Ricardus filius Willelmi prepositi et Walterus filius Wigod occiderunt Ricardum le Messer de loq sup Wermintone et vulneraverunt Rogerum fratrem suum; et Winch Radulfus fugit et fuit in franco plegio Algari de Bocland m͞ia Abbatis; et ideo in misericordia; catalla ejus 20^s unde 20^s Henricus de Chaueling heres Henrici respondeat; nullus alius malecreditur; exigatur et utlagetur; et juratores u͞td͞us dicunt quod tota villata de Wermintone ibi fuit et ipsi venerunt et hoc non dedixerunt, et non arestaverunt fugitivum, et ideo in misericordia.

18[3]. Bernardus Caretarius de Langebirghe rettatus de bursis scissis et aliis furtis dat domino Regi 1^m ut possit 1^m esse sub plegio standi recto si quis versus eum loqui voluerit per plegium Walteri de Bellocampo; vicecomes capiat plegios de fidelitate.

[1–1] Not in B.
[2] Here another name is struck out and *obiit* written above.
[3] Not in B.

19. Robertus de Tollanestone appellavit Johannem filium Coci de roberia, etc.; et Robertus obiit; et Johannes venit et non malecreditur et ideo inde quietus, [1]et ad judicium de juratoribus qui hoc concelaverunt, etc.[1]

20[2]. Adam de Trokemertone appellat Clementem Bonpas quod sicut idem Clemens adjudicatus fuit ad quandam legem faciendam pro feno et aliis catallis que idem Clemens ei abstulerat, et venit in comitatum ad legem suam faciendam, idem Adam levavit eum de lege et appellavit eum et adhuc appellat quod nequiter et in felonia et in pace domini Regis voluit se perjurare ut auferret ei catalla sua et hoc offert probare sicut curia consideraverit.

Clemens venit et defendit feloniam et pacem etc. et totum etc. et ponit se super juratam [3]: [4]set revera Felicia mater ejusdem Ade vendidit ei fenum illud cum quadam terra quam ei locavit, et inde ponit se super juratam [5], et producit sectam sufficientem que hoc testatur, et Felicia venit et warrentizat ei vendicionem illam [4].

Et comitatus recordatur quod idem Adam petiit versus eum fenum ad valentiam 5^s quod ei asportaverat in hundredo et quod hoc ei fecerat in pace vicecomitis; et Clemens venit tunc in hundredo et defendit totum etc. et lex ei adjudicata fuit et ei datus fuit dies ad comitatum ad faciendam legem suam, et tunc venit cum lege sua; et sicut debuit facere legem venit idem Adam et levavit eum, et appellavit eum sicut predictum est quod in pace domini Regis et in roberia et nequiter abstulit ei fenum ad valenciam 40^s et hoc voluit probare per corpus suum sicut versus illum qui se perjurare voluit pro catallis suis ei auferendis. [6]Consideratum est quod nullum est ap-

---

[1-1] Not in A.
[2] In 20 and 21 a few words torn from A are supplied by B.
[3] *jur*, perhaps *juratores*.
[4-4] This plea is postscript in both A and B.   [5] *jur*.
[6] Postscript.

pellum et ideo Clemens inde quietus[1] et Adam in misericordia.
    mia

Villata de Campedene.

21. Reginaldus Rug latro occidit quendam alium latronem in campo de Campedene; Reginaldus fugit, et postea per aliud factum suspensus fuit; Englescheria non est presentata; Judicium,—murdrum. Villata presentavit loquelam alio modo quam presentata fuit coronatori et postea presentavit quod Walterus Ironmangere qui eum invenit mortuus est, et testatum est quod vivit, et ideo ad judicium de eis; et Walterus attachiatus fuit per Edwardum thethingeman de Campedene et per totam thethingam *ejusdem* Edwardi; et ideo in misericordia; Robertus Toppe modo est capud ejusdem thethinge et Edwardus mortuus est.   mdr   ad jud   mortuus est

22. Willelmus Pigot suspendit seipsum; nullus malecreditur. Catalla ejus 10ˢ unde villata respondeat; loquendum.   10ˢ

23. Radulfus Walensis occidit Hugonem Pondeveske; et fugit; et nullus alius malecreditur; Judicium,—exigatur et utlagetur; nulla catalla habuit; Radulfus obiit[2].   utlag

24. Henricus de Grete[3] et Robertus clericus vendiderunt vina contra assisam et ideo in misericordia.   mia

25. Assisa de latitudine pannorum non est servata in Campedene et ideo in misericordia; loquendum.

26. Ad judicium de juratoribus qui concelaverunt mortem Walteri de Aspertone qui obiit de quadam plaga in domo Aldithe vidue; Alditha mortua est in misericordia[4].

27. Ad judicium de eisdem juratoribus qui concelaverunt quoddam appellum quod Wimarc uxor Nicholai le Macum fecit versus Gaufridum Wud de pace domini Regis etc.; in misericordia.

---

[1] *inde quietus* has been substituted for *sine die* in both A and B.
[2] *Postea testatum est quod Radulfus obiit* B.
[3] Name struck out in A and *nichil* written above.
[4] *in misericordia* not in B; probably it is the jurors who are in mercy.

[Memb. 10 dors.]

Adhuc de Hundredo de Kiftesiate[1].
Hundredum[2] *de Holcford et de Gretestan.*

28. Quidam homo inventus fuit occisus in bosco de Guttinges templariorum. Englescheria non est presentata et ideo murdrum. Quidam malecreditur, scilicet, Ricardus le Teler et venit postea coram justiciariis et finem fecit per ½^m pro esse sub plegio si quis etc.[3]; plegii ejus standi recto et de *denariis* Reginaldus Magnus, Robertus de Kinitone, Walterus Faber, Robertus filius Alvine, Simonem filium Roberti, Gervasium filium Aluredi, Philippum Noreis, Hugonem Magnum, Walterum Cocum, Willelmum Waleisce, Henricum le Francelein et Adam Militem[4].

mdr
tras

29. Quidam puer inventus fuit occisus in feinario apud Guttinges et mater ejus inde rettata fuit et capta et inprisonata per Gerardum de Athie, et nescitur quo devenit; Englescheria non fuit presentata et ideo murdrum. Loquendum.

mdr
loq

30. Quidam caretarius Willelmi Foliot, obpressus fuit quadam careta; nullus malecreditur; Judicium,—infortunium; precium carete et equi 5^s, unde vicecomes respondeat.

do dand

5^s

31. Edwardus Carpuntarius occidit Henricum Pincun; et fugit; et fuit in thethinga[5] villate de Hallinges; et ideo in misericordia; nullus alius malecreditur; Judicium,—ex-

---

[1] This means 'Hundred of Kiftsgate continued,' and space is left for other presentments, but beyond a single proper name, obviously a false start, nothing has been written.

[2] *Hundred*, possibly *Hundreda*.

[3] *Si quis versus eum loqui voluerit.*

[4] There is a change of hands in the middle of this list of names and with it a change from nominative to accusative. In B the names are introduced by *et invenit hos plegios*, and they are accusatives. In B Richard *rettatus fuit*, but afterwards comes before the justices *et non malecreditur a juratoribus*, and so gives the half-mark.

[5] *franco hlegio* B.

igatur et utlagetur; catalla ejus 30ˢ unde Engelardus de Cigonni respondeat; Englescheria non est presentata et ideo murdrum; villata de Hallinges non venit et ideo in misericordia.

    mia utl m lr 30ˢ

    mia

32. Quidam caretarius obpressus fuit quadam careta chargiata[1] pisce; nullus malecreditur; Judicium,—infortunium; careta cum duobus equis et cum toto pisce missa fuit domino Regi apud Theokesbiriam.

33. Pinnocsira[2] est de terra Normannorum et dominus Rex Johannes illam commisit Godefrido de Craucumbe et valet 4 lib.

34. Adam de Kadeslade occidit Herebertum fratrem suum et fugit; nullus alius malecreditur; Judicium,—exigatur et utlagetur; fuit in franco plegio[3] villate de Katteslade; et ideo in misericordia; catalla fugitivi 10ˢ; unde Hugo de Cullardvilla[4] respondebit; Englescheria non est presentata[5] nisi per duos qui mortui sunt[5], et ideo murdrum.

    utl mia 10ˢ

35. Quidam mercator robatus[6] fuit in eundo versus nundinas de Winchecumbe et nescitur a quibus; Englescheria non fuit presentata; Judicium,—murdrum. Postea dicunt juratores quod quidam Willelmus de Camera[7] qui fuit cum Johanne Marescallo eum occidit et habuit socios, et ideo inde loquendum et inquirendum de sociis; et juratores malecredunt eundem Willelmum de hoc facto [8] et de morte Simonis de Segre[8], et de pluribus aliis homicidiis et ideo [10]exigatur et utlagetur[10]. [11]Post venit Willelmus et dat [utl⁹]

    mdr

---

[1] *charchiata* B.   [2] *Pinnokeschire* B.

[3] *in decenna* B.   [4] *Koylarvill* B.   [5–5] Not in B.

[6] *robatus* substituted for *occisus*. It came out that the merchant was not killed. In B *robatus et ligatus* is substituted for *occisus*.

[7] *de la Chambre* B.

[8–8] In A this is interlined.

[9] There are some abbreviated words in the margin of A, which I think may be 'It i Cir;' *item in Cirencestria* (?).

[10–10] Struck out in A.

[11–11] Postscript both in A and B; in B it runs, *Post venit Willelmus et dat Domino Regi* 10 *marcas ut possit stare recto et ut non noceat ei quod prius non venit eo quod agebat in longinquas partes, et recipiuntur* 10 *marce.*

domino Regi 10^m ut possit stare recto et ut non noceat ei quod primo die non venit per plegium Johannis Marescalli, 10^m et defendit totum, et petit sibi allocari quod mercator non sequitur desicut vivus est et in plena sanitate, et dicit quod hoc factum fuit tempore guerre [11].

36. Gilibertus filius Aelardi occidit Johannem Dodde et fugit; et fuit in franco plegio villate de Cherletone et ideo m̄īa villata in misericordia; nullus alius malecreditur; Judicium, —exigatur et utlagetur; nulla catalla habuit; [1] Engleschcria falso presentata est per alios quam per parentes, et m̄īe ideo juratores in misericordia, et villata de Cherletone in m̄īa misericordia pro eodem [1].

37. Josephus de Mariscis qui fuit serviens Hundredi in misericordia quia non venit respondere de tempore suo. Post venit et dixit quod nescit respondere et ideo in miseri- [mia] cordia. Perdonatur [2].

38. Manerium de Hailes est de terra Normannorum et Eudo de la Jalle illud habet ex ballia domini Regis et valet 30 lib.

39. Duo peregrini hospitati fuerunt in horreo Willelmi de Ponte et unus eorum occidit alium et fugit; nescitur n̄īdr̄ quis fuit occisor vel occisus; et ideo murdrum. Willelmus et servientes sui attachiati pro morte illa veniunt et non malecreduntur, et ideo inde quieti.

[ap Winchec] 40. [3] Loquendum super manerium de Winchecumbe de denariis inventis [3]. Nichil quia 5 denarii inventi fuerunt.

41. Quidam homo ignotus inventus fuit occisus in stagno de Tudintone; nescitur quis fuit; Englescheria non fuit presentata et ideo murdrum; et Jordanus Wisdom et Robertus et Johannes filii ejus malecrediti de morte illa fugerunt et malecreduntur et ideo exigantur et utlagentur; ūtdi et Radulfus [4] filius ejusdem Jordani captus fuit pro eodem

---

[1-1] *Englescheria falso fuit presentata et ideo villa in misericordia. Juratores in misericordia similiter qui hoc idem falso presentant* B.

[2] No pardon in B. [3] Struck out in A and B.

[4] *Robertus* B.

facto, et inprisonatus¹ tempore Engelardi tunc vicecomitis, m̄r set nescitur quando nec quomodo evasit; et Jordanus et alii fuerunt in franco plegio villate de Grete, et ideo in miseri- m̄ia cordia².

42. Robertus le Poher de Leoministre de comitatu Herefordie occidit Rogerum le Messer de Tweninges et fugit; et non fuit in aliquo franco plegio quia de comitatu Here- loq fordie. Et inventum est in rotulis coronatorum quod Ro- Hereford bertus filius Toaldi et David frater ejus et Radulfus filius ap̄ Leo- minstr̄ Johannis fuerunt cum Roberto ad mortem illam et ideo inde inquirendum in comitatu Herefordie; ³nullus eorum malecreditur nisi Robertus [de] Leoministre, et de cognomine nichil sciunt; et ideo Robertus exigatur et utlagetur³. utdus

43. Quidam serviens persone de Heiles cecidit de quodam equo in aqua et submersus est; precium equi 3ˢ unde 3ˢ Willelmus Heghe de Wigornia respondeat. d̄o dand

44. Ad judicium de juratoribus qui in omnibus male ad jūd respondent.

45. Hugo ⁴le Waleis⁴ serviens Henrici de Crupes percussit Adam hominem Willelmi de Solariis quadam hachia⁵ ita quod inde obiit; et Hugo fugit et fuit de manupastu Henrici de Crupes; et ideo in misericordia; m̄ia et Gilibertus Keun fuit cum eodem Adam quando fuit occisus, et non malecreditur, et ideo inde quietus; set non venit et villata de Poteslepe cepit in manum habendi eum ⁶ utdus et non habuit, et ideo in misericordia. Hugo malecreditur m̄ia et ideo exigatur et utlagetur; nulla catalla habuit.

46. Petrus filius Roberti de Poteslepe occidit Ricardum le Balur et fugit; et fuit in franco plegio villate de Poteslepe; utdus

---

¹ *apud Gloucestriam* B.

² A few words have been supplied from B. So also in Nos. 42, 43, 47, 48, 52.

³⁻³ *Nullus eorum malecreditur nisi solus Robertus et ideo interrogetur et utlagetur* B.

⁴⁻⁴ Interlined both in A and B.

⁵ *achia* B.   ⁶ *coram justiciariis* B.

m̄ia et ideo in misericordia; nullus alius malecreditur. Judicium, 18ᵈ —exigatur et utlagetur. Catalla ejus 18ᵈ unde vicecomes respondeat.

Villata de Winchecumbe.

47. Henricus Caretarius occisus fuit a quodam equo; nullus malecreditur. Judicium,—infortunium; precium equi [5ˢ] [dō dand] 5ˢ; dantur operationi ecclesie de Winchecumbe pro deo.

48. Andreas Vinitarius et David Dunninge et omnes de Gloucestria vendiderunt vinum contra assisam et ideo in m̄ie misericordia.

49. [B] Mercatum remotum est de die dominica usque in diem lune non ad nocumentum alicujus vicini mercati et ideo remaneat ita.

50. [B] Juratores cognoverunt quod non tenuerunt assisam panis et cervisie ad nundinas suas in villa sua, et ideo mia villata in misericordia; et sic faciant in feria sicut ante et post feriam.

Item juratores dicunt quod tenentes domini Regis in villa sua qui tenent 1. mesuagium vel gardinum vel hujusmodi de domino Rege reddendo inde redditum domino Regi veniunt et vendunt de tenementis illis *hospitalariis* et monachis et iterum ea resumunt tenenda de eis unde non possunt distringi ad faciendum quod facere debent sicut alii tenentes, sicut de pane et cervisia et hujusmodi, quia monachi et *hospitalarii* statim excommunicant vicecomitem et ballivos suos et ballivos domini Regis. Et ideo preceptum est vicecomiti quod si aliquis decetero vendat ita tenementa domini Regis quod capiat illud in manum domini Regis et salvo custodiatur quousque etc.

51. Rannulfus de Cropthorne occidit Walterum de Cotestone et captus fuit et traditus in custodia Waltero de m̄ie Catteshulle, Gaufrido de Lilletone, Ricardo de Truham, Phillipo de Oxendone et aliis qui mortui sunt, et alii non habuerunt eum, et ideo in misericordia.

Et juratores in misericordia qui concelaverunt loquelam illam.

52. Marinus de Winchecumbe qui rettatus fuit de quodam homine mortuo in domo patris *sui* dat 2^m pro habenda 2^m inquisicione si sit culpabilis necne; recipiuntur per plegium Mathei Coci, Odonis de Dumbletone et Josephi de Mariscis.

Juratores de Winchecumbe et de Kiftesgate et de Gretestan dicunt precise quod non est culpabilis, et ideo quietus.

[Memb. 11.]

Hundredum de Selochtres.

53. Willelmus serviens Roberti de Heselei invenit Ricardum le Sire in curtillagio[1] domini sui furantem olera et Willelmus occidit ipsum et statim fugit et fuit manens in villata de Shireburn extra francum plegium, ideo villata in misericordia[2]; non habuit catalla et nullus alius male- [mia] creditur; ideo exigatur; et postea testatum fuit quod fuit exigt de manupasto Roberti de Hesele persone, qui obiit.

54. Malefactores venerunt ad domum Juliane de Berningtone et occiderunt Thomam puerum ipsius Juliane; nullus malecreditur; Englescheria presentata fuit, ideo nichil.

55. Malefactores venerunt de nocte ad molendinum de Berningtone et vulneraverunt Danielem et Walterum socium suum qui fuerunt in molendino illo ita quod obierunt, et nescitur qui fuerunt illi malefactores, et Englescheria non fuit racionabiliter presentata; ideo murdrum; et similiter murdr̄ villata de Magna Berningtone in misericordia pro falsa m̄ia presentacione.

56. Eustachius capellanus de Risendone fuit ad convivium Hugonis Dod et in reditu suo versus domum sub-

---

[1] *in orto* B.

[2] This is the text as first written, but *nulla est misericordia* has been interlined. The reason for the alteration is that William is proved to have been of the manupast (household) of Robert the parson. This had been discovered before B was written.

mersus fuit, et Willelmus filius Roberti prepositi de Risendone et Willelmus Summonitor et Hugo clericus subdiaconus ejus ville fuerunt ad idem convivium et in simul recesserunt; [1] et predicti duo Willelmi capti fuerunt per Engelardum [2] tunc vicecomitem et postea deliberati per eum; et Hugo non fuit inventus [1]. Set nullus eorum malecreditur, ideo ipsi sint inde quieti, quia judicatum fuit infortunium.

57. Willelmus molendinarius jactavit [3] Nicholaum molendinarium cum quadam petra ita quod obiit; et fugit; et fuit in thethinga Ade de Shireburne; ideo in misericordia; et ipse malecreditur de morte illa, ideo exigatur; non habuit catalla.

58. Robertus de Cimeterio homo persone de Borchtone occidit Willelmum Barlich de Slohtres; et Robertus fugit et utlagatus est per sectam Agnetis uxoris ipsius Willelmi; catalla ejus $5\frac{1}{2}^m$ unde Ingelardus tunc vicecomes debet respondere.

utlagatus est

59. Robertus filius Simonis de Borctone percussit Radulfum filium Johannis de Borctone cum cnipulo suo ita quod obiit; et fugit, et nullus alius malecreditur; ideo exigatur; non habuit catalla, nec fuit in franco plegio quia clericus fuit.

exigatur

60. Ricardus Flithe occidit Thomam socium suum et fugit; et nullus alius malecreditur; ideo exigatur; non habuit catalla, nec fuit in franco plegio quia clericus fuit.

exigatur

61. Ricardus le Messer de Bladintone percussit Johannem de Shireburne cum quadam securi [4], ita quod obiit; et Ricardus fugit, et nullus alius malecreditur; ideo exigatur: non habuit catalla.

exigatur

62. Domus Roberti le Messer in Bladintone fuit burgata et archa Johannis filii molendinarii, que in domo illa fuit, fuit fracta, et catalla que intus erant fuerunt asportata a malefactoribus de quibus nescitur qui ipsi fuerunt; et quum

---

[1-1] Not in B.   [2] $\overline{gelr}$.   [3] *jecit* B.
[4] *hachia* B.

hec burgeria non fuit presentata vicecomiti neque coronatoribus, ideo villata in misericordia. m̄ia

63. Hugo Fot et Henricus Chapman de Lestanwe vendiderunt vinum contra assisam apud Stanwe.

64[1]. Loquendum de quibusdam appellis concelatis. Lo

Villata de Slohtres.

65. Willelmus filius Leuine fuit ad cervisiam quandam apud Slohtres et in recessu suo supervenit Rogerus homo persone de Langebirge et eum vulneravit ita quod obiit; et Rogerus fugit et utlagatus fuit per sectam Hugonis fratris utlagatus ipsius Willelmi et fuit de manupastu Nicholai de Langebirge qui obiit; non habuit catalla; et Englescheria non fuit racionabiliter presentata; ideo murdrum. murdr

66. Nicholaus famulus Henrici prepositi cecidit de quodam equo sicut sedit super saccum ita quod obiit; nullus malecreditur; precium equi et bladi 3ˢ 9ᵈ unde vicecomes 3ˢ 9ᵈ respondebit. dō dand

Villata de Stowe.

67. Robertus filius Bric percussus fuit in comitatu Wigornie et convaluit de ictu et postea obiit infirmitate[2]; et non malecredunt aliquem[3], immo precise dicunt quod obiit infirmitate et non de plaga.

68. Juratores dicunt quod Adam persona de Secumbe estreciavit[4] duas vias ex utraque parte domus sue et levavit quendam murum super viam in exitu earum. Et postea cognoscunt quod non sunt regie vie nec murus levatus est super regiam viam nec in feodo ville sue; et ideo ad judicium de eis, et Adam sine die. Item presentaverunt quandam purpresturam de terra in hundredo que non pertinet ad villam suam, et ideo in misericordia. ad jud

m̄ia

---

[1] Not in B, which, however, inserts between 62 and 63 an enquiry as to who ought to take view of frankpledge in Slaughter.

[2] *de infirmitate alia* B.   [3] *et non malecreditur a juratoribus* B.

[4] *estresciavit* B.

69. Andreas le Ferur verberavit Wimarcam uxorem Willelmi le Sauter pregnantem et Willelmus vir suus imposuit ei quod puer in ventre mortuus fuit per hoc, quia peperit infantem mortuum; et ideo Andreas custodiatur.

70. Andreas de Winchecumbe et Hugo le Ferur vendiderunt vinum contra assisam et ideo in misericordia.

mia

Adhuc de Hundredo de Slochtre.

71 [1]. Nicholas Parent appellat Martinum Balle quod in pace domini regis die Martis proxima ante Pentecostem duobus annis transactis ubi fuit in domo Johannis filii Roberti apud Stowe, venit cum vi sua et vi et nequiter et in felonia eum assultavit, et ei robavit de denariis predicti Johannis 10^m in denariis et pannos uxoris ejusdem Johannis valentes 2^m et de annulis et aliis jocalibus suis ad valentiam $\frac{1}{2}^m$ et de suo proprio 2^s 6^d [2] et hoc offert probare per corpus suum sicut curia consideraverit.

Et Martinus venit et defendit pacem domini regis etc. et feloniam et roberiam et totum de verbo in verbum etc. set verum vult dicere [3]:—quidam Johannes Capellanus tenuit de Abbate de Evesham quoddam mesagium, quo defuncto jussit idem Abbas ipsum et alios servientes suos ad capiendum mesagium in manum Abbatis quousque inde fieret Abbati quod fieri deberet; et in illa domo fuit idem Johannes inventus et ejectus per seisinam illam ita quod Johannes predictus impetravit breve de nova disscisina super eum et alios.

Et Nicholas hoc cognovit set dicit quod capellanus non tenuit de Abbate; set revera tulit breve de nova disseisina et vult sequi breve suum, et dicit quod capellanus tenuit de duabus mulieribus ita quod capellanus in vita sua dedit mesagium illud predicto Johanni cum quadam filia sua.

---

[1] See note to this case.

[2] In A there are here two or three words interlined; perhaps they are *quia J. firmarius.*

[3] B adds *et dicit quod.*

Consideratum est quod nullum est appellum inter eos pro disseisina quam Johannes vult sequi; et ideo Martinus eat inde sine die, et Nicholas in misericordia pro falso m̄ia clamore; per plegium Willelmi de Fifhide.

Item Johannes appellat de forcia illa Willelmum prepositum et Willelmum Messorem et ipsi non venerunt, et thethinga sua cepit in manum habendi eos, et non habuit et ideo in misericordia. Et quia istud appellum dependet de alio appello, quod non jacet, consideratum est quod Johannes in misericordia pro falso appello, et alii inde mia quieti; plegii Johannis Walterus de Burchtone frater suus.

Ad judicium de juratoribus qui concelaverunt appellum ad j̄c̄m illud.

72[1]. Gilibertus Tuggi occidit Eumolotam de Swinesheved; et captus est, et cognovit quod eam occidit, et ide osuspendatur.

73[2]. Philippus de Egham cognoscens se esse latronem Warr appellat Willelmum filium Roberti de Dimescherche quod latro est et socius suus de latrocinio ita quod simul furati fuerunt duos equos et duas vaccas et unam jumentam in campis juxta Lilletone et illos vendiderunt pro 15^s 2^d unde idem Willelmus habuit quartam partem ad partem suam et hoc offert probare versus eum per corpus suum sicut curia consideraverit. Et Willelmus venit et defendit latrocinium et societatem et totum de verbo in verbum per corpus suum sicut curia consideraverit. Et non invenitur in franco plegio nec aliquis loquitur pro eo, et simpliciter defendit se; et ideo consideratum est quod duellum sit inter eos [duellum] et Willelmus det vadium defendendi se et Philippus probandi; plegius eorum gaola.

Veniunt[3] die Lune armati. Philippus convictus est et

---

[1] Not in B. [2] Marginal notes, and a few words are from B.
[3] This probably was written after what follows as to the other appeals brought by this Philip. The version in B is this:—*Dies datus est eis die lune proxima post festum apostolorum Petri et Pauli et tunc veniant armati pleg' eorum in gaola. Philippus convictus est et suspensus. Et Willelmus inveniat plegios et custodiatur interim.*

<small>susp</small> suspensus et Willelmus inveniat plegium et interim custodiatur.

<small>Bukigh</small> 74. Idem Philippus appellat Henricum filium Willelmi Molendinarii de societate et latrocinio et receptamento ita quod fuit cum eo ad domum cujusdam capellani juxta Hiche et ibi furati fuerunt ut in robis et aliis pannis et in denariis et jocalibus ad valentiam 40^s unde idem Henricus habuit ad partem suam quartam partem et hoc offert probare versus eum per corpus suum sicut curia considera-
<small>[susp]</small> verit. ^{1} Ph. convictus est et suspensus^1.

Et Henricus venit et defendit latrocinium et societatem et totum de verbo in verbum et ponit se de fidelitate sua super visnetum suum de bono et de malo.

<small>Norhamt'</small> 75. Idem^2 appellat Ricardum de Swelle de receptamento latrocinii ita quod receptavit eum et socios suos apud *Brackelciam* in comitatu Norhamtonie, et emit ab eo unam tunicam et lintheamina et 4 ulnas de blancheto et plura alia furta, et scivit bene quod latro fuit et quod illud fuit latrocinium, et hoc paratus est probare per corpus suum sicut curia consideraverit.

^{3} Ricardus dimissus est per hos plegios Robertum filium Warini, Willelmum Russum fabrum, Johannem filium Radulfi de Thornebirge, Radulfum Bonechose, Simonem Sherwinde, Willelmum Irentho standi recto si quis versus eum loqui voluerit^3.

^{4}Et Ricardus venit et defendit latrocinium et receptamentum et totum de verbo in verbum sicut versus latronem ligatum et ponit se super visnetum suum de bono et de malo^4.

[Memb. 11 dors.]

Hundredum de Tyboldestan.

Juratores dicunt ^{5}

76. Juliana de Clive appellat Robertum filium Nicholai

$^{1-1}$ Postscript and struck out; not found in B.
^{2} *Idem Phs* B. $^{3-3}$ Postscript.
$^{4-4}$ This must have been written before the passage that now precedes it. In B the order of the two is reversed.
^{5} In B these words begin the first presentment. *Juratores dicunt quod Juliana.*

le Bigod quod eam vi rapuit quadam die Lune in ebdomada Pentecostes. Postea dicit quod concubuit cum ea vi et hoc parata est probare sicut curia consideraverit.

Et Robertus venit et defendit totum et dicit quod appellat eum per odium et athiam et inde ponit se super visnetum suum. Et postea cognovit quod habet virum qui non sequitur cum ea. Et juratores dicunt precise quod non est culpabilis et quod nulla secta inde facta fuit; et ideo consideratum est quod nullum est appellum; et ideo Robertus inde quietus et ipsa et vir suus in misericordia; [mia] nichil habent.

77. Malefactores venerunt de nocte ad domum Rogeri Herdsoche apud Wudemancote et occiderunt Ricardum Peni et Aliciam famulam suam et vulneraverunt Julianam et Agnetem filias Rogeri predicti et Juliana et Agnes veniunt et nullum male credunt nec scitur qui fuerunt malefactores. Englescheria est presentata.

78. Johannes filius Osberti occisus fuit a quodam equo cum quadam hercia sicut herciavit in campo; nullus malecreditur. Judicium,—infortunium; precium equi 4^s, unde 4^s. villata de Clive respondeat. do dand

79. Quidam extraneus eques cum quodam garcione hospitatus fuit in villa de Bekeford ad domum Fulconis et de nocte permiserunt sex latrones intrare et ligaverunt ipsum Fulconem et totam familiam suam et robaverunt domum et esgarataverunt[1] duos servientes qui venerunt, et nullum male credunt.

80. Robertus filius Reginaldi occidit Samsonem filium Aldithe quodam cnipulo et fugit; et fuit in franco plegio Rannulfi Fabri de Suham; et ideo in misericordia; nullus mia alius malecreditur; et utlagatus fuit per sectam Willelmi fratris sui; nulla catalla habuit. Englescheria est presentata.

81. Robertus clericus Comitis Willelmi Marescalli occi-

---

[1] *exgartaverunt* B.

[m̄d̄r] sus fuit in campis de Inintone et Henricus de Stokes et Robertus de Gudrintone capti fuerunt pro morte illa; et Henricus obiit in prisona; et Robertus commissus fuit in custodia; et venit, [1]et non malecreditur[1]; et Adam de Stoke et Gilibertus Toly eodem modo capti fuerunt, et
[Loq sup Derhurst] sunt de Hundredo de Derhurst, et ideo ibi inquiratur. Englescheria non est presentata, et ideo murdrum; et juratores concelaverunt capcionem predictorum Ade et
mie Giliberti et ideo in misericordia. Catalla ejusdem Henrici qui cognovit mortem ut juratores et coronatores testantur
18ᵈ 18ᵈ. Walterus Hatholf respondeat. Et [2] juratores de Durhurst dicunt quod non credunt quod ipsi Adam et Gilibertus sunt inde culpabiles nec predictus Robertus; et ideo quieti; et cognoscunt quod mortuus fuit in hundredo suo, et ideo murdrum sit in hundredo illo.

82. Unfridus de Bohun [3] heres comitis Herefordie debet esse in custodia domini Regis, et terra sua in illo hundredo valet 10ˡ. Willelmus Briwer illam habet.

83. Domus Willelmi Kinsy de Hinetone combusta fuit et in ea combuste fuerunt tres filie ejusdem Willelmi scilicet Alditha et Alicia et Editha; nullus malecreditur; Judicium,—infortunium. Et juratores concelaverunt loque-
m̄ia lam illam, et ideo in misericordia; et villata cognovit quod non levaverunt clamorem nec secta facta fuit ad hundredum nec illud ostenderunt coronatoribus, et ideo in
m̄ia misericordia.

84. Liolfus filius Edrici inventus fuit mortuus in campo de Estone, et Walterus Inger et Walterus Vache invenerunt eum, et non venerunt, et attachiati fuerunt per Ricardum Wulvriche thethingman et thethingam suam; et
m̄ia ideo in misericordia; nullus malecreditur quia mortuus fuit infirmitate sua. Judicium,—infortunium.

Et juratores concelaverunt loquelam illam.

---

[1] [1] Not in B; interlined in A.
[2] Postscript both in A and B. See for more of the case 88.
[3] *Boun* B.

Villata de Merefeld per septem homines.

85. Hiselia et Cristina de Merefeld occise fuerunt in domo ejusdem Cristine a malefactoribus; nescitur a quibus; nullus malecreditur. Englescheria presentata fuit et presentatores mortui sunt.

Hundredum de Durhurst.

86. Rogerus Bercarius occidit Willelmum de Stauntebrige in domo ejusdem Willelmi et fugit; et fuit de manupastu Henrici de Cors et juratores dicunt quod idem Henricus fuit in domo quando occisus fuit, et Henricus utl est hoc cognovit et ideo custodiatur. Dicunt eciam quod [custod] idem Rogerus adduxit[1] equum ipsius Henrici. Rogerus utlagatus est per sectam uxoris Willelmi, et villata de Cors cognovit quod non fuit manens in villa sua immo itinerans de loco in locum. Juratores nullum alium male credunt. Rogerus nulla catalla habuit. [2] Finem fecit per $\frac{1}{2}$m [2]. $\frac{1}{2}$m

87[3]. Georgius de Nitheweie appellat Estmarum de Netheweye quod assultavit eum una cum Thoma filio suo et vulneravit eum in brachio et uxorem ejus similiter, et quod hoc fecit nequiter et in felonia et in pace domini Regis offert probare versus eum per corpus sicut curia consideraverit. Postea vero dedicit quod non appellat [trans] Estmarum de facto immo Thomam de facto et Estmarum de vi; et ideo Thomas capiatur.

Post venit Thomas et Georgius appellat eum quod nequiter et in felonia et in pace domini Regis vulneravit eum in brachio [4]de nocte die dominica proxima post Pentecostem anno primo Regis Henrici[4], et hoc paratus est probare versus eum sicut curia consideraverit, sicut homo

---

[1] *abduxit* B.

[2–2] Postscript not found in B. It is Henry, not Roger, who makes fine; this is why *custodiatur* disappears from the margin; Roger is outlaw.

[3] See note on this case. A few words are supplied from B.

[4–4] Interlined both in A and B.

mahemiatus de plaga illa, et si non sit mahemium paratus est probare per corpus suum sicut curia consideraverit.

Et Thomas venit et defendit pacem domini regis etc. et feloniam et totum de verbo in verbum sicut curia consideraverit et ponit se super visnetum suum.

Plaga visa est et testatum est quod nullum per eam habet mahemium, et coronatores et comitatus testantur quod secta racionabiliter facta est et quod viderunt plagam recentem et quod tunc appellavit ipsum Thomam de facto et Estmarum de vi. Et juratores dicunt quod bene intelligunt quod idem Thomas culpabilis est de plaga et bene sciunt quod sectam fecit sicut coronatores testantur. Et ideo consideratum est quod duellum sit inter eos; et Thomas det vadium defendendi se et Georgius probandi; plegii Georgii Robertus de Haghe, Adam de Pudebrok, Johannes de Notteclive et Ricardus de Happelege et Estmarus sit sub plegio quousque sciatur quid fiat de Thoma.

duell
dies datus est eis apud Herefordiam die Mercurii in crastino Sce Margarete

¹ Dies datus est eis die Mercurii in crastino Sce. Margarete apud Hereford et tunc veniant armati ¹.

² Thomas devictus est et obcecatus et ementulatus. Et preceptum est vicecomiti quod ipse summoncat plegios Estmarum ³ de Nethewey quod ipsi habeant ipsum Estmarum in adventu justiciariorum apud Gloucestriam ad respondendum Georgium de pace domini Regis infracta unde eum appellat ².

⁴ Estmarus sit sub plegio quousque sciatur quid fiat de Thoma etc. Postea venerunt armati ad Wigorniam et duellum percussum fuit inter eos et Thomas filius Estmari devictus fuit et ideo judicium fiat de eo et fiebat et amisit oculos et pendencia etc. ⁴

a͵ª
Claredon

88 ⁵. Robertus clericus comitis Marescalli occisus fuit a quodam Henrico de Stoke qui captus fuit pro morte illa et

---

¹⁻¹ From B.
²⁻² ⁴⁻⁴ from B; there is nothing in A answering to this. The ink shows that ²⁻² is postscript.
³ It should be *Estmari*.   ⁵ See above, 81.

cognovit mortem et nullus alius malecreditur sicut patet in hundredo de Tyboldestan superius. Englescheria non fuit presentata ; Judicium,—murdrum. $\overline{\text{mdr}}$

89. Quidam latro venit ad domum Elvine vidue et fregit domum suam et asportavit lanam et catalla ejusdem Elvine; et Willelmus filius ejusdem Elvine et Mauricius de Herdewice ipsum occiderunt fugiendo cum latrocinio ; et saccus cum latrocinio commissus fuit Willelmo filio Baldewini de Herdewice et thethinge sue et ipsi illum non habuerunt coram justiciariis, et ideo in misericordia ; Elvina $\overline{\text{mia}}$
non venit et languida est, ut dicitur, et Willelmus et Mau- [trans] ricius venerunt et cognoverunt quod ita eum occiderunt in fugiendo et hoc idem testatum est per juratores.

[1] Post venit Elvina et tulit latrocinium unde seisitus fuit quando fuit occisus et nichil aliud testatum nisi quod latro fuit et occisus fugiendo, et ideo [2] inde quieti, et Alvina ipsa habeat fardellum suum [1].

90. Et Walterus Hathewyk serviens de Hundredo pessime respondit in omnibus rebus ; et ideo ad judicium. ad jud

91. Quidam extraneus inventus fuit mortuus in campis de Culne ; nescitur quomodo obiit, nec quis fuit ; et ideo murdrum ; nullus malecreditur. $\overline{\text{mdr}}$

92. Quidam puer inventus fuit submersus ad molendinum de Culne Rogeri ; nullus malecreditur ; Judicium,— infortunium ; et dicunt juratores quod pro illo infortunio cepit Engel. de Cigoinni tunc vicecomes 18^m de villa de 18^m Culne ; et ideo inde loquendum. loq

93. Quidam pauper ignotus inventus fuit mortuus in bruera de Cumptone et nullus malecreditur ; nesciunt quomodo mortuus fuit, et Engelardus tenuit placitum illud et cepit pro illo 22^m de villatis de Mortone et de 22^m Cumptone. loq

94. Stephanus homo Alani *Hencum* occidit Henricum

[1-1] In both A and B this is postscript, and both clerks are pressed for room.
[2] *Willelmus et Mauricius*, B inserts.

utlus est

mia

mdr

prepositum de Thuddeham et fugit; nullus alius malecreditur; Judicium,—interrogetur et utlagetur; et fuit de manupastu predicti Alani qui manet apud Stanes; et ideo in misericordia; nulla catalla habuit. Englescheria non fuit presentata, et ideo murdrum.

95. Henricus de Aldermanestone occidit Willelmum de Prestone apud Prestone[1], ita quod ante mortem ejus venit ipse ad domum Johannis Medici et ibi obiit de plaga, et Henricus fugit et fuit de comitatu Wigornie; nullus alius malecreditur; Judicium,—interrogetur et utlagetur; nulla catalla habuit. Englescheria non fuit presentata; Judi-

mdr

cium,—murdrum.

96. Anestasia uxor Roberti de Hope cecidit de quodam batello et submersa est; nullus malecreditur; Judicium,—

2ˢ
do dand

infortunium; precium batelli 2ᵈ, unde vicecomes[2] respondeat.

97. Reginaldus de Derhurst appellavit Robertum Russel de plagis et mortuus est et Robertus est cum Comite de Cestria[3] et non fuit attachiatus et Robertus Fillol pater Roberti appellatus de consensu venit et non malecreditur;

20ˢ

et dat 20ˢ ut possit habere filium suum ad rectum si quis versus eum [*loqui*] voluerit[4] per plegium Roberti Hodierne et Johannis Beaumunt et Willelmi filii Roberti.

98. Latrones occiderunt de nocte Goditham de Hasfeld nescitur qui fuerunt; nullus malecreditur; Englescheria

[mdr]

non est presentata [*nec murdrum ibi jacet*[5]]; Alexander filius suus eam invenit primo et venit et non malecreditur nec aliquem malecredit et ideo quietus.

---

[1] *in comitatu Wigornie* A B; but in A this is struck out.
[2] *Rad. Musard* B.
[3] Instead of this B has *Reginaldus apud Damietam*. In A the text originally was *Robertus ivit in terram sanctam*.
[4] *si quis etc.* B.
[5] Originally *judicium murdrum*; but these words and *murdrum* in the margin are struck out, and *nec murdrum* followed by some other word or words (semble *ibi jacet*) is interlined. In B *et ideo murdrum* is simply struck through, and *Nota* is put in the margin over against the statement of the comitatus.

Comitatus recordatur quod ultra filum aque de Sabrina quamdiu comitatus Gloucestrie durat nullum habetur murdrum et ideo nichil ibi.

99. [B][1] Walterus Toky appellat Ricardum Pancefot quod in pace domini Regis nequiter et in felonia robavit ei duos equos precii 20^s et unum ensem 4^s et hoc offert probare versus eum per corpus suum sicut curia consideraverit. Dicit eciam quod deforciavit ei fenum ad valenciam 10^s de quodam prato quod tenuit de eo ad firmam.

Et Ricardus venit et defendit pacem domini Regis infractam et feloniam et quicquid est contra pacem domini Regis. Et verum vult dicere. Et dicit quod idem Walterus tenuit quoddam pratum de eo per 10^s per annum et detinuit ei redditum illum per 4 annos continuos ita quod fecit eum summonere[2] pluries quod redderet ei redditum illum et ipse noluit. Invenit equos et equas predictos in eodem prato et illos cepit in namium pro firma sua; et illos tenuit eo quod idem Walterus noluit illos petere per plevinam nec eciam quiete, set ivit ad vicecomitem qui illuc misit Walterum Haghulf servientem suum ad averia sua deliberanda. Et idem Walterus ea deliberavit et eum summonuit quod esset ad comitatum responsurus quare detinuit ea contra vadium et plegium. Et venit ad comitatum et ipse secutus fuit in tantum quod ipse Ricardus vadiavit 1 legem contra eum quod non detinuit ea contra vadium etc. Et ad comitatum ad quem debuit facere legem suam tunc primo appellavit eum de pace domini Regis, et semper prius de pace vicecomitis. Et petit hoc sibi allocari et ponit se super hoc super comitatum.

Et Walterus cognoscit quod primo apellavit eum de pace vicecomitis quousque vidit quod per legem voluit ei auferre pecuniam suam et tunc fecit hoc appellum, et defendit quod nullum servicium ei a retro fuit quando cepit averia sua.

Juratores et totus comitatus recordatur quod ita cepit

---

[1] See note to this case.   [2] Sic.

averia et quod deliberata fuerunt per vicecomitem et quod hoc placitum duravit in comitatu per unum annum et dimidium antequam fecisset hoc appellum et quod ita fuit lex vadiata. Consideratum est quod appellum est nullum et ideo Ricardus inde quietus et Walterus in misericordia.

[Memb. 12.]

Adhuc de Derhurst.

100 [1]. Sibilla de Burtone uxor Petri Russi queritur quod Ricardus le Bedel de Senecote et Samuel de Burtone, Ricardus filius Godefridi et Reginaldus de Senecote cum vi sua venerunt ad domum suam de nocte apud Burtone ad festum S. Petri septem annis transactis dum fuit vidua, et assultaverunt domum suam et illam fregerunt et in pace domini Regis nequiter et in felonia fregerunt archam suam et robaverunt ei pannos suos, scilicet, 4 linthcamina et 1 chalonem et duas telas lineas de 10 ulnis et tria pepla et duas toaillas et unum annulum aureum et plura alia jocalia sicut patet in rotulo coronatorum, et 5 boves et duas vaccas et 1 boviculum et 1 equum et 14 quarteria bladi tam frumenti quam alteriusmodi et 1 caretam ferratam novam et multa alia utensilia domus sue sicut patet in rotulis coronatorum, et quod hoc fecerunt nequiter offert probare sicut curia consideraverit; et petit Curiam domini Regis quod si videat quod non possit sequi vel habere appelum desicut habet virum [2], ut hoc faciat sibi emendari. Et Petrus vir suus dicit quod si Curia consideraverit quod hoc facere possit, paratus est probare quod hoc fecerunt uxori sue sicut predictum est.

Et Ricardus et alii tres veniunt et defendunt pacem etc., et roberiam et totum etc. set verum volunt dicere [3]:—Gilibertus frater predicti Samuelis postnatus quondam vir

---

[1] See note to this case.
[2] *desicut nunc habet virum et non habuit tunc quando hoc ei factum erat* B.
[3] *et dicunt* B adds.

ipsius Sibille, tenuit hereditatem ipsius Samuelis dum idem Samuel fuit in terra Ierosolime et duxit eam interim in uxorem et habuit pueros de ea; postea vero rediit Samuel et petiit eundem Gilibertum ut deliberaret ei hereditatem suam; et tandem convenit inter eos quod omnes unanimiter moram fecerunt in terra illa; et cito post obiit Gilibertus, et ipsa Sibilla per voluntatem ejusdem Samuelis moram fecit cum eo in domo sua per dimidium annum[1] cum pueris suis; et tunc venerunt parentes ejusdem Sibille et eundem Samuelem vi ejecerunt ita quod idem Samuel tulit inde assisam nove disseisine versus eos, et revera dicunt quod Engelardus de Cigonni per preceptum domini Johannis Regis posuit eundem Samuelem inde in seisinam post mortem Giliberti, et in seisina fuit quousque ipsa et parentes sui eum disseisiverunt. Et Samuel petit sibi allocari quod vir suus non loquitur de visu vel auditu; et defendit totum de verbo in verbum sicut homo versus feminam de roberia. Et alii tres cognoscunt quod revera fuerunt ibi cum Samuele per preceptum domini Regis ad faciendum ei seisinam suam, set nichil ibi robaverunt nec in roberia cum eo fuerunt; et, quesiti quod warantum inde habent, dicunt quod nullum set ponunt se inde in juratam[2]; set Samuel non ponit se in juratam[2].

[3] Juratores dicunt quod idem Samuel dixit quod habuit breve domini Regis ad Engelardum tunc vicecomitem quod ei habere faceret seisinam de terra illa; set breve nunquam visum vel auditum fuit in comitatu vel alibi, ita quod idem Samuel dedit Engelardo 3^m pro habenda seisina sua et [ad jud] Engelardus misit illuc Henricum de Bidescumbe ad faciendum ei seisinam suam et idem Henricus et alii predicti concod cum eo fecerunt ei seisinam suam et idem Samuel intus sunt remansit et cepit omnia catalla que illuc invenit que fuerunt ipsius Sibille, set nesciunt quantitatem de minutis rebus.

---

[1] *per unum annum* B.

[2] *in jur̄.*

[3] In both A and B the whole of this finding is post-script, and the presentment about Clement of Burton appears in the middle of it.

Et Henricus serviens hoc cognoscit quod fecit ei scisinam et habuit unum bovem 5 solidorum ad opus Engelardi.

Et Clemens de Burtone[1] appellatus de vi non venit et attachiatus fuit per Rogerum clericum de Burtone et Rogerum de Bechesoure et Thomas filius Edithe attachiatus fuit per Arnaldum Franke et Gregorium de Burtone : plegii Willelmi filii Arnaldi appelati de eodem, Walterus de Mortone et Arnaldus pater suus, et ideo in misericordia.

101[2]. Cristina uxor Gaufridi de Suttone appellavit Gaufridum Basset et Johannem Basset et Walterum Basset, Radulfum Basset[3], Henricum Basset et Robertum Basset[4] de morte Gaufridi viri sui ; et Robertus venit ; et Radulfus mortuus est, et alii non venerunt. Et Robertus venit et defendit totum et ponit se super juratam[5] de bono et de malo ; et Christina non venit et affidavit sequi et ideo capiatur.

Et Gaufridus Basset et fratres sui attachiati fuerunt per Walterum Pepin et Gervasium de Sturtone et eorum theothingas ; et ideo in misericordia.

Et juratores et villata de Suttone[6] et coronatores et omnes alii de comitatu[6] dicunt precise quod ipsa Cristina secuta fuit ad duos comitatus post mortem viri sui et infra tercium comitatum fecerunt inter se pacem [7]*pro dim. m. quam dedit viceeomiti*[7], ita quod per pacem illam filius predicti Roberti scilicet Walterus duxit in uxorem filiam mortui et eis dedit 1 virgatam terre pro pace illa. Et dicunt quod idem Gaufridus fuit ad primum comitatum post factum illud, et appellavit omnes predictos de plagis suis et tercio die post obiit ; et Walterus Hunder captus fuit pro eadem morte et abjuravit regnum per preceptum Johannis Regis, et Henricus filius ejusdem Walteri fugit pro eadem morte et fugiendo

---

[1] Clement's name struck through ; probably he is dead. In B the whole entry ends with *Concordati sunt per licenciam justiciariorum*.
[2] See note to this case.
[3] *Obiit* interlined in A.   [4] *Suspensus* interlined in A.   [5] *Jur.*
[6-6] Interlined in A, nowhere in B.   [7-7] Interlined in A, nowhere in B.

decollatus fuit [1]nulla catalla habuerunt[1]. Dicunt eciam juratores quod omnes fratres illi fuerunt eodem die de manupastu ejusdem Roberti et cum eo venerunt ad cervisiam et cum eo redierunt de facto illo; et bene intelligunt quod sit culpabilis et tanto melius eo quod dedit terram suam[2] pro pace illa facienda.

Et juratores concelaverunt hanc loquelam et ideo omnes in misericordia. Et Johannes filius predicti Gaufridi de Suttone fuit unus juratorum; consenciens fuit de pace illa et concelavit mortem patris sui et ideo custodiatur; [3]finem fecit cum matre sua sicut continetur inferius[3].

Villata de Suttone et villata de Scherncote et de Burtone[4] et de Todeham[4] et de Mortone [5]et de parva Cumptone[5] hoc idem dicunt quod juratores et quod male credunt eum de morte illa. Et ideo convictus est; suspendatur. suspend Loquendum de terra et catallis.

[*Et*] postea venit Cristina et cognovit quod secuta fuit duos comitatus versus ipsum Robertum et alios et quia non potuit sequi plus ideo remansit domi et bene cognovit quod filia sua maritata fuit filio ejusdem Roberti set non per eam. .... coram justiciariis et dicit quod non vult sequi nisi eos videret et ideo in misericordia[6]. Post venit Cristina et finem fecit per 40^s de misericordia sua; plegii de misericordia Rogerus de Suttone, Ricardus Sansmancel, Robertus de Parhame, Rogerus de Bruera.

102. Matillis filia Albini presbiteri appellavit Robertum Russel de rapo et ipsa obiit et Robertus non venit et attachiatus fuit per Radulfum de Welneforde et Philippum de Bello Monte[7] et ideo in misericordia; Philippus obiit. mĩa

---

[1–1] Interlined in A and B.
[2] *tanto melius quia dedit de terra sua* B.
[3–3] Postscript in A; *finem* is struck through; nowhere in B.
[4–4] Interlined in A, nowhere in B.   [5–5] Struck out in A, and also in B.
[6] Here was written *custod*, but this is struck through; what follows is postscript. The preceding sentence has in A been obscured both by the loss of words and by interlineation; it does not occur in B.
[7] Name struck out in A and B.

103. Felicia de Burtone appellavit Rogerum de Burtone quod eam verberavit et robavit ei 1^m; et non venit et affidavit sequi et Rogerus non venit et attachiatus fuit per Hugonem de Cuillardivilla Radulfum de Welneforde et Robertum de Icford et Simonem de Burtone[1] et ideo in misericordia et testatum est quod Rogerus utlagatus est in comitatu Oxonie.

104[2]**.** Idem Rogerus rettatus de combustione domus Radulfi de Welleforde attachiatus fuit per predictum Hugonem et Radulfum de Icford et Radulfum de Welleforde et cum non habuerunt et ideo in misericordia.

105. Thomas Sutor de Trinlege occisus fuit in chemino subtus Hersfelde nescitur quis eum occidit; nullus malecreditur; murdrum ibi non jacet quia ultra Sabrinam.

106. Ricardus homo Gaufridi de Alwardebiria occidit Henricum le Poher filium Radulfi le Poher in domo ejusdem Radulfi de nocte et fugit; et Gaufridus et Ricardus de la Burseye et Walterus de Bello Monte fuerunt tunc in domo et Gaufridus fugit cum homine suo, et Ricardus et Walterus veniunt et cognoscunt quod tunc fuerunt in domo set non potuerunt eum capere et ideo custodiantur. Set juratores non male credunt eos de morte vel consensu.

Et Rogerus le Poher appellavit de eodem facto Gaufridum de Dichforde et Willelmum de Brimartone et non est prosecutus et invenit hos plegios de prosequendo Radulfum le Poher et Gilibertum de Cranham et ideo in misericordia.

Et Willelmus et Gaufridus non malecreduntur quia dicunt juratores quod non fuerunt illuc nec aliquid inde sciverunt et ideo inde quieti. Englescheria non fuit presentata; Judicium,—murdrum. Et Gaufridus postea furatus fuit i equum et fugit in ecclesiam [3]juxta Mortone Simonis[3], et abjuravit regnum.

Ricardus exigatur et utlagetur nulla catalla habuit.

---

[1] In A these two names are struck out, and *obiit* is written over each.
[2] This entry is not in B; perhaps it is postscript in A.
[3–3] Interlined in A; nowhere in B.

[1] Et Ricardus finem fecit pro 1^m et Walterus pro 1^m [1].

107. *Frechesantia* de Elmindestona et Willelmus filius suus occisi fuerunt in domo sua a malefactoribus, nescitur a quibus; nullus malecreditur; Judicium,—murdrum.

108. De prisis quas vicecomites ceperunt occasione placitorum corone dicunt quod Gerardus de Athie cepit de villa de Hunitone 15^m et Engelardus de villa de Culne 18^m et de Welneforde 21^m et de Burtone 10^m et de pluribus aliis sicut patet in cedula.

109. [B] Willelmus de Kinstan occidit unum caretarium apud Wrdebrige Aluredum nomine et fugit; nullus alius malecreditur; Judicium,—interrogetur et utlagetur. Catalla ejus fuerunt 2^s unde Simon de Matresden respondeat.   utlag do dand 2^s

110. [B] Robertus de Graua appellat Willelmum de Derneford quod ipse nequiter et in pace domini Regis et in felonia eum assultavit et vulneravit eum et desilavit eum equo suo et orbos ictus ei fecit per quos mahemiatus est.

Et Willelmus venit et defendit feloniam et roberiam et totum de verbo in verbum sicut curia consideraverit et dicit quod loquela illa fuit deducta alias coram justiciariis itinerantibus et terminata et si curia consideraverit quod hoc non sufficit defendit totum sicut curia consideraverit. Post venit et retraxit se et dicit quod non vult sequi et ideo custodiatur etc.   [trans] $\frac{1}{2}^m$ custod

Hundredum de Aggemede [2].

111. [B][3] Ricardus le Butiller de Acton vulneratus fuit in domo sua nescitur a quibus set Matillis uxor ejus appellavit inde quendam Willelmum Russum qui fuerat serviens ejusdem Ricardi. Et ipsa venit et dicit quod ipsa fuit in

---

[1]–[1] Not in B.

[2] Immediately before this B has the entries from Langley Hundred which are found in A at a different place, see below, 140–143. This part of A is much damaged; it seems to have had two other brief entries in Deerhurst which B has not got.

[3] See note to this case.

domo sua cum viro suo et quedam Gunula famula sua cum ea, ita quod ipsa per preceptum ejusdem Ricardi viri sui exivit cum famula sua ut iret spaciatum in gardino de nocte sicut debuerunt cubare. Et Amicia filia sua remansit et lavit pedes Ricardi et interim venit predictus Willelmus cum quodam homine et intravit domum et assultavit virum suum ita quod ipsa audivit clamorem et accessit ad hostium et vidit gladios extractos circa virum suum; et ex quo ipsi perceperunt eam secuti fuerunt eam et ipsa fugit cum famula sua ita quod ipsa evasit et ceperunt famulam suam et eam ligaverunt et ipsa jacuit interim in quadam haia et abscondidit se quousque inde recesserunt, et quesita quare non intravit ad auxiliandum viro suo, dixit quod non intrasset pro tota Anglia et dicit quod pregnans tunc fuit et grossa, et quesita si velit ponere se super visnetum et juratam utrum culpabilis sit et consenciens de morte illa necne, dicit precise quod non quia forte plures odio eam habeant.

Et juratores dicunt quod discordia fuit sepius inter eam et Ricardum virum suum ita quod ipse eam aliquando verberavit eo quod imposuit ei quod stulta fuit de corpore suo et ipsa sepius redire solet ad domum Elye de Colewey patris sui et ad domum Roberti Waifer qui habuit amitam ejus Matillidis in uxorem, ita quod idem Robertus et Willelmus Wayfer et Johannes de Fuestone venerunt sepius ad domum ejusdem Ricardi et eam secum adduxerunt et minati fuerunt eidem Ricardo. Unde bene credunt quod ipsi Willelmus et Johannes eum occiderunt et per consilium et voluntatem ipsius Matillidis et per ejus purchacium. Et dicunt quod vir suus nunquam habuit talem habuit[1] Willelmum Russum ad talem servientem sicut ipsa dicit.

Et coronatores et comitatus recordatur quod ipsa secuta fuit ad duos comitatus ante mortem viri sui et ad tercium comitatum post mortem ejus et ad quartum non venit et ipsa

Juratores de Grumbaldesasse idem dicunt quod alii

[1] Sic.

juratores, scilicet, quod per purchacium ipsius Matillidis fuit ipse Ricardus occisus a predictis.

Judicium ponitur in respectum usque in unum mensem post festum S. Mich. et Amicia filia ejusdem Matillidis sit interim sub plegio.

[Memb. 12 dors.]

Hundredum de Grunbodeshe.

112. Due filie Jacobi de Novo Mercato sunt de dono domini Regis et una maritata est Johanni de Botereus, et alia filio Johannis Russel per dominum Regem; terra illorum in illo hundredo valet 15 l.

113. Walterus de Andebiria obrutus fuit careta sua chargiata blado; nullus malecreditur; Judicium,—infortunium; precium equi et carete ½^m; detur pro deo pauperi sorori ejusdem Walteri que languida est, ut dicitur; villata de Andebiria respondeat de denariis. ^{1}Reddidit et quietus est^1. [do dand [¼^m]]

114. Willelmus de Derham clericus et Petrus le Englois occiderunt Wulnothum de Tormertone in chemino infra hundredum de Pukechurche et fugerunt; et Cecilia uxor Wulnothi fuit cum eo quando occisus fuit, et eos appellavit, et invenit plegios de prosequendo, thethingam de Thormertone, et ipsa cognovit quod non secuta fuit nisi ad duos comitatus; et ideo theothinga in misericordia; ipsa non malecreditur et ideo inde quieta; et alii malecreduntur; Judicium,—interrogentur et utlagentur; catalla Willelmi 60^s unde Hugo de Vivunia^2 constabularius Bristollie respondeat. Englescheria fuit presentata; et terra Willelmi capiatur in manum domini Regis; preceptum est vicecomiti etc. ^{3}Johannes Russel capitalis dominus finem fecit pro habendo termino domini Regis de dimid. hida terre per 20^s, per plegium Gaufridi Tragyn et Willelmi le Ircis^3. [exig mia] [cap trā]

$^{1-1}$ Postscript in A; nowhere in B. ^{2} Vivun.
$^{3-3}$ Seemingly a postscript in both A and B.

115. Walterus filius Ade occisus fuit in reditu cervisie de Badintone, et Baldwinus Kyrie de comitatu Wiltesire malecreditur de morte illa, et nullus alius malecreditur, et ideo interrogetur et utlagetur; nulla catalla habuit; Englescheria non fuit presentata; Judicium,—murdrum. Inquirendum in com. Wilts. de catallis Baldwini.

margin: exig; murd; in com Wilts loq

116. [1] Osbertus de Fonte de Thormertone appellatus a quodam probatore de diversis, qui suspensus est, dat ½^m ut possit esse sub plegio per plegium Gaufridi Tragyn; plegius suus standi recto, thethinga de Thormertone [1].

margin: ½^m

117 [2]. Willelmus filius Aluredi de Lechtintone percussit Rogerum le teler quodam pileto [3] per mediam *genam* [4] set vixit a Natali usque ad Purificacionem Beate Marie et convaluit de plaga et postea egrotavit febribus et obiit infirmitate et non de plaga. Et Willelmus venit et cognoscit quod fuit cum eodem Rogero et quod melleta [5] orta fuit inter eos, set quiquid tunc actum fuit postea ei pardonavit et plagam et totum et ideo custodiatur. Juratores dicunt precise quod non fuit culpabilis de morte quia non obiit de plaga, set revera vulneravit eum. Willelmus filius Aluredi dat ½^m pro pace sua etc. per plegium [*Walteri Senescalli*] Abbatis Gloucestrie [6].

margin: [custod]; ½^m

118. Gaufridus Hathemere occisus fuit careta sua propria apud Hildeslege ita quod obiit infra octavum diem; nullus malecreditur; Judicium,—infortunium; precium equi et carete 3^s unde uxor Gaufridi respondeat; dantur pueris suis pro deo [7].

119. Ailricus de Haukesbiry occisus fuit a latronibus in domo sua de nocte, nescitur a quibus; nullus malecreditur;

[1–1] In B this case appears at the end of the cases from Grimbaldsash.
[2] In 117-123 a few words illegible in A are supplied from B.
[3] *piletto* B.
[4] Doubtful. In B the word seems to be *joeam*, perhaps the French *joue*.
[5] *medleia* B.
[6] The name of the pledge is not given in B. It is supplied by the Amercement Roll.
[7] *detur ipsi pro deo* B.

et uxor ejus ligata fuit et venit et non malecreditur, et ideo inde quieta ; Englescheria fuit presentata per quandam feminam ex parte matris; et comitatus recordatur quod Englescheria non debet presentari per feminam, et ideo murdrum. m̄dr

120. Vincentius serviens Willelmi Briwere cecidit de equo suo apud Derham ita quod obiit in crastino. Nullus alius dō dand malecreditur; Judicium,—infortunium ; precium equi 4ˢ, 4ˢ unde vicecomes respondeat.

121. Adam le Maunsel occisus fuit, et Walterus serviens Thome Capellani de Litletone captus fuit pro morte et ductus coram justiciariis missis ad gaolam deliberandam, et ibi cognovit mortem et suspensus fuit ; et Thomas Capellanus de Littletone et Editha uxor ejusdem Ade que fuerat amica ejusdem Thome, et Adam filius ejusdem Thome, fuerunt ad mortem illam et fugerunt; et fuerunt manentes in Littletone et in Thomertone, et villate illos receptave- m̄ie runt post mortem Ade ; et ideo in misericordia ; Engle- m̄dr scheria non fuit presentata ; Judicium,—murdrum ; nullos ex̄ig eorum aliquod catallum habuit; et Thomas et Adam interrogentur et utlagentur, et Editha waivietur.

Ad judicium de juratoribus qui concelaverunt tres lo- m̄ie quelas et ipsi hoc cognoscunt et ideo in misericordia.

122. ¹Thomas prepositus de Derham et Adam de Herewarde Osebernus de Littletone quos . . . . mercator appellavit de societate latrocinii, qui suspensus est, dant dimid. m. . . . . per sic quod possint esse sub plegio standi recto si quis versus eos loqui voluerit. Hii [*sunt plegii*] Willelmus Spuron thethingman² et tota tona ; plegius de dim. m. Galfridus Tragin.

123. Manerium de Guderintone nichil dicit quod alibi dictum non sit.

Manerium de Wika.

124. [B] Walterus Cole occidit Simonem de Wapeleya et idem Simon repercussit eundem Walterum et uterque

---

¹ Not in B.   ² *than.*

<small>m̄ia</small>

<small>utlag.</small>

<small>inquir</small>

<small>m̄ia</small>

<small>murd</small>

obiit et Hugo frater ipsius Simonis appellavit de morte illa Godwinum de Wika. Et Godwinus captus fuit et inprisonatus et dimissus per plevinam decenne de Wyka et villate et cum non habuerunt et ideo in misericordia. Et juratores dicunt quod non est culpabilis dictus Godwinus set Hugo venit et prosequitur appellum et vult sequi ad comitatum et ideo dictum est ei quod sequatur si voluerit. Englescheria Walteri fuit presentata et non Simonis[1] quia alibi obiit[1] quia Simon non fuit de illa villa nec ibi occisus et ideo inquiratur in Bennitre.

Walterus de la Herst malecreditur de eadem morte commissus fuit decenne totius villate de Hyate in hundredo de Hambiria et non habuerunt eum et ideo in misericordia; et Jordanus de Hurle malecreditur de eadem morte et fugit et Walterus et Jordanus malecreduntur quod fuerunt in forcia illa et ideo interrogentur et utlagentur. Englescheria Simonis non est presentata et ideo murdrum.

125. Manerium de Sowbȳr nichil aliud dicit quod alibi dictum non sit.

Hundredum de Bernetre Hambyria.

<small>dō dand</small>

<small>5ˢ</small>

<small>m̄ia</small>

<small>loq sup Berkel</small>

126. [B] Willelmus de Aumundesbiria cecidit de quadam equa sua et pependit per stiveram ita quod obiit. Nullus inde malecreditur. Judicium,—infortunium: precium eque 5ˢ unde Engelard de Cigonny respondeat.

127. [B] Quidam David de Westbiria arestatus fuit pro quodam rapo et commissus fuit Willelmo Walensi de Westbiria et thethinge sue et eum non habuerunt et ideo in misericordia. Et Alicia pro qua captus fuit venit et est infra etatem, et testatum est quod non rapuit illam et ideo inde sine die et David fugit post eam in ecclesiam de Allewodesbiria in hundredo de Berkeleia [2]et ideo inde loquendum[2]. Finitur sicut patet in hundredo de Berkeleia.

128. [B] Johannes le Rus clericus occidit Nicolaum

[1-1] Interlined.   [2-2] Struck out.

Bunte quodam rastello et fugit et postea reddidit se in religionem apud Bathoniam et villata de Westbiria ubi hoc factum fuit cognovit quod non levavit uteys et quod idem Johannes moram fecit in villa sua usque ad quartum diem post plagam factam et non arestaverunt eum, et ideo in misericordia. Et juratores dicunt quod quidam Walterus Flagel- mīa lator qui arestatus fuit pro eodem facto non est culpabilis et ideo inde quietus. Et juratores dicunt quod Nicholaus obiit apud Bristow. Et comitatus recordatur consuetudo loq sup sua esse quod murdrum debet capi ubicunque vulneratus Brist moritur et ideo ibi loquendum de murdro etc. Et ad [ad jud] judicium de Priore Bathonie qui suscepit eundem Johannem le Rus in religionem. Catalla Johannis le Rus fugitivi 12^m loq 12^m quas prior habuit et 3^m unde Lucas Parmesbotes de Bris- 40^s tollia respondeat.

[1]Apud Bristolliam venerunt Prior Bathonie et idem Johannes; et dominus Bathoniensis per Ricardum de Kamges clericum suum petit curiam suam Christianitatis de eodem Johanne, et habet, et dictum est ei quod teneat se in claustro suo post purgationem suam si eam facere poterit; et catalla interim remaneant in manu ejusdem Prioris donec aliud inde provisum fuerit[1].

129. [B] Malefactores occiderunt Matillidem uxorem Roberti Stirte et ligaverunt ipsum Robertum et Walterum servientem suum et Adam frater ipsius Matillidis eos invenit primo et venit; et Robertus venit et non malecreditur et ideo quietus; nescitur qui fuerunt ipsi malefactores. Englescheria presentata fuit et duo presentatorum mortui sunt.

130. [B] Radulfus de Matford occidit Adam fratrem suum et fugit et fuit in decenna tocius ville de Stoke Elye 2^m Giffardi et ideo in misericordia; nullus alius malecreditur; mīa Judicium,—interrogetur et utlagetur; catalla Radulfi 2^m utlag unde Engelard respondeat.

131. [B] Malefactores occiderunt Elyam Pastorem noctu;

---

[1]–[1] This was not in A, and in B is postscript by another hand.

nescitur qui fuerunt; nullus malecreditur; Englescheria
m̄dr non fuit presentata et ideo murdrum.

132. [B] Matheus filius Walteri cecidit de equa sua in
do dand aquam et submersus est; nullus malecreditur; Judicium,—
5^s infortunium; precium eque 5^s unde vicecomes respondeat.

133. [B] Malefactores venerunt ad domum Johannis Cok
noctu et eum occiderunt; nescitur qui fuerunt; nullus inde
malecreditur; Englescheria est falso presentata et ideo
m̄urdr murdrum; et ad judicium de eisdem juratoribus qui falso
ad jud presentaverunt Englescheriam illam.

134. [B] Petrus Samuel Pictaviensis occidit Thomam filium
Alicie vidue et Walterum de Cumbe et Philippum filium Willelmi et plures alios vulneraverunt et vi sua et fugit et fuit
m̄ia de manupastu Hugonis de Vivonia et ideo in misericordia;
et hoc factum fuit tempore pacis quo Radulfus Musard fuit
vicecomes; et Thomas de Thiringham et Gaufridus le Butiller
et Willelmus homo suus, Ingesius Balistarius et Johannes
socius suus et Walterus le Archer fuerunt ad occisionem
illam, et ipsi non venerunt et malecreduntur et ideo interro-
utlag gentur et utlagentur. Thomas habuit catalla et terram et
inquir ideo inquiratur. Nulla Englescheria est presentata et ideo
3 mdr tria murdra. Postea venit Thomas de Tyringhame et finem
100^s fecit per 100^s quia clericus est et committitur Episcopo
Wigornensi per Archidiaconum Gloucestrie; plegii 100^s
Robertus de Berkeleia et Willelmus de Ponte Arche.

135. [B] Reginaldus Molendinarius inventus fuit occisus
in campis de Westone et Hugo filius Michaelis captus fuit
pro morte illa et cognovit factum et suspensus fuit; nulla
catalla habuit; Englescheria non fuit presentata et ideo
murdrum.

Dodding de Westona primo invenit eum et non venit et
murd attachiatus fuit per decennam villate de Westona et ideo
villata in misericordia.

[Memb. 13.]

Villata de Thornebirie.

136. Malefactores venerunt de nocte ad domum Willelmi de Ladderuge, et occiderunt ipsum Willelmum et duos filios et tres filias suas et uxorem ejus, et nullus malecreditur ; Englescheria fuit presentata.

137. Item malefactores occiderunt Johannem Pelte et Julianam uxorem ejus; nescitur qui fuerunt; Englescheria non est presentata et ideo murdrum; [1] et juratores presentant Englescheriam, et convicti sunt quod nulla fuit presentata, et ideo in misericordia [1]. [mdr] [mie]

138. Ad judicium de Hugone Smalrede qui dixit quod interfuit ubi Ricardus de Morlewude qui obrutus fuit quadam furca sepultus fuit per visum servientis domini Regis, et coronatores testantur quod nullus serviens interfuit, et ideo villata de Thornbiry in misericordia, et Hugo similiter pro falso dicto suo. [mia] [mia]

139. Malefactores occiderunt Walterum de Bosco et Ricardum de Bosco et uxorem ejusdem Walteri et tres pueros suos; nescitur qui fuerunt. Burgatores. [2] Englescheria non est presentata et ideo murdrum [2].

Hundred' de Langlege Olwestane de Grumb'.

140. Malefactores occiderunt Alvinam viduam in domo sua de nocte et nullus malecreditur, quia nescitur qui fuerunt; Englescheria fuit presentata et presentatores mortui sunt.

141. Item malefactores occiderunt Eliam filium Isabelle et nescitur qui fuerunt; nullus malecreditur. Englescheria presentata est. Inventor mortui venit et non malecreditur, et ideo quietus.

[1-1] *Et ad judicium de juratoribus qui falso presentant Englescheriam* B.
[2-2] *Englescheria falso est presentata et ideo murdrum et ad judicium de juratoribus qui hoc idem presentant etc.* B.

142. Gervasius Cutric̄ occidit Rogerum messorem cum knipulo suo; et fugit in ecclesiam et abjuravit regnum; et fuit de manupastu Hawisie de Diney et mortua est; Englescheria non est presentata; Judicium,—murdrum.

m̄dr

143 [1]. Optime respondent juratores.

Hundredum de Brichtwoldebirgha Cir' [2].

144. Walterus le Den et Hugo de Lascy ceciderunt de quodam equo in aquam et submersi sunt; nullus malecreditur; Judicium,—infortunium; precium equi 10^s, unde Engelard de Cigonny respondeat.

dō dand
10^s

145. Isabella de Mortemere est de donacione domini Regis et terra ejus valet 32 lib. in illo Hundredo.

maritag

146. Item Muriel que fuit uxor Johannis de Hastinges est de donacione domini Regis et terra in illo hundredo valet 40^s.

147. Gilo del Maine occidit Petrum de la Mote dominum suum et fugit; nullus alius malecreditur; interrogetur et utlagetur; nulla catalla habuit; Englescheria non est presentata, et ideo murdrum; Gilo fuit itinerans et tunica ipsius Gilonis commissa fuit Decenne villate de Kinemereford habenda coram justiciariis, et villata hoc cognovit, et non habuerunt eam et ideo in misericordia.

utl

loq de
guerra [3]

m̄ia

148. Johannes filius Walteri cecidit de quadam quadriga ita quod obrutus fuit quadriga et obiit; nullus malecreditur; Judicium,—infortunium; precium equi et carete 3^s unde Vicecomes respondeat.

dō dand
3^s

149. Malefactores venerunt ad faldam Abbatis Gloucestrie de Estleche et occiderunt Robertum pastorem suum; et nescitur qui fuerunt malefactores; Englescheria est presentata; inventrix venit et non malecreditur, et ideo quieta.

---

[1] Not in B.

[2] *Cirinc'* B. Brightwell's Barrow is one of the seven hundreds belonging to the Abbey of Cirencester.

[3] Not in B.

150. Nicholaus Goldwine occidit Ricardum Albinum et fugit in ecclesiam et cognovit factum et ejuravit regnum. Nicholaus non fuit in franco plegio, quia infra etatem, scilicet, 10 vel 11 annorum, et ideo loquendum qualiter ejuravit regnum. Et Thomas le Hare et Walterus de Ablintone servientes Abbatis Cirencestrie ¹ cognoverunt quod¹ fecerunt eum ejurare regnum sine coronatoribus et sine vicecomite, et ideo in misericordia; et ad judicium de m̅i̅a̅ willatis de Bleibirie, de Aldewurthe, Alurintone, Barndesle, et de Eicote, coram quibus Nicholaus ejuravit regnum per [loq] preceptum predictorum Thome et Walteri; Englescheria [ad jud] est presentata, unus presentatorum mortuus est. Error quia infra etatem.

151. Gaufridus de Hose occidit Alexandrum de Aldeswurthe in comitatu Oxonie et fugit in ecclesiam de Aldewurthe, et cognovit factum et ejuravit regnum; et abjur fuit in franco plegio villate de Aldewurthe; et ideo in misericordia; catalla ejus 6^d, unde Adam filius Nigelli m̅i̅a̅ respondeat. Alexander obiit in comitatu Oxonie et ideo 6^d ibi loquatur de murdro.

152. Reginaldus Russus appellavit Nicholaum Bruse de pace et roberia, et Reginaldus mortuus est; et Nicholaus venit et juratores² dicunt quod non est culpabilis et ideo quietus.

153. Malefactores venerunt ad domum Stephani le Large de nocte et occiderunt ipsum Stephanum; et Elias serviens ipsius Stephani tunc fuit in domo et non venit, et attachiatus fuit per Hamundum Gille de Minchenhamtone thethingman et eandem villatam; et ideo in misericordia; m̅i̅a̅ Elias non malecreditur; Englescheria non est racionabiliter presentata, et ideo murdrum; et ad judicium de juratoribus m̅d̅r̅ qui falso presentant Englescheriam.

154. Gio de Cigonny cepit de catallis Willelmi de la Mare occasione quod debuit maledixisse de domino ad jud

---

¹⁻¹ Interlined in A; nowhere in B.   ² *precise* B inserts.

Johanne Rege 50^m. Engelardus cepit eodem modo Ilbertum de Grenvilla et inprisonavit, et cepit de suo 20^m, et Walterus de Ablintone et Johannes de Behebiria capti fuerunt et inprisonati, et Gio de Cigonny cepit de eis 4^m, nescitur qua occasione.

cap

155. Alicia de Aldewurthe appellavit Henricum filium Alexandri de rapo, et non venit; et ideo capiatur. Henricus venit et non malecreditur, et ideo quietus.

loq

156. Juratores dicunt quod Gio de Cigonny et Engelardus et Gerardus de Athie ceperunt redempcionem de omnibus placitis corone.

[ad jud]
[trans]

157. Villata de Fairford juravit per se et noluerunt sequi cum Hundredo suo et ideo [1] quia comitatus recordatur quod semper responderunt cum Hundredo.

158. Gilibertus de Riche captus per indictamentum juratorum pro receptamento dat ½^m ut possit esse sub plegio per plegium Willelmi de Bridelepe [2].

Hundredum de Respegate Cir'.

m̄dr

159. Quidam ignotus inventus fuit occisus in campis de Brunnesfelde; nescitur quis fuit vel quis eum occiderit; Englescheria non est presentata; Judicium,—murdrum.

m̄ia

m̄ia

tria m̄dr
exig

160. Malefactores occiderunt Willelmum le Gras et Jocelinam uxorem ejus et Willelmum et Ricardum filios suos; nescitur a quibus; sed Robertus de Crumpwelle malecreditus de morte illa fugit; et juratores concelaverunt illam fugam et infamiam Roberti, et ideo in misericordia; et Robertus fuit in franco plegio villate de Bremesfelde; et ideo in misericordia; Englescheria non fuit presentata, et ideo tria murdra; Robertus malecreditur et ideo interrogetur et utlagetur; nulla catalla habuit.

---

[1] In A a gap is here left. What was to be done with this township that wanted to swear by itself was not yet determined. In B no gap is left.

[2] In A there is a line drawn connecting this entry with Rapsgate Hundred, to which it probably belongs. It is not in B.

161. Johannes de la Mare percussit Josceum Molendinarium quodam lapide ita quod inde obiit et Johannes captus fuit et inprisonatus et postea per Comitem Willelmum Marescallum commissus fuit in custodia Gaufrido de la Mare fratri suo; et Gaufridus venit et hoc cognovit [1] et eum non habuit [1], et ideo custodiatur; et Thomas de la Mare, Willelmus de la Forde, Ricardus de Gardino, Hugo le Fraunkelein, Johannes Segare, Hugo le Fraunkelein, Willelmus filius Guidonis, Willelmus Peverelle, Walterus *Lohond,* Alanus de Elkestane et Hugo Russus de Elkestan [2] et ideo omnes in misericordia. Et Gaufridus cepit m̄ic in manum habendi eum die Veneris. Post venit Johannes die Veneris et Isabella uxor predicti Joscei appellat eum quod nequiter occidit Josceum virum suum quodam lapide et hoc offert probare per corpus suum sicut curia consideraverit.

Et Johannes venit et defendit totum sicut curia consideraverit; et quesitus si velit ponere se super visnetum suum, dicit quod non, quia fuit in tempore guerre cum Rege Johanne et pluribus male fecit; et juratores testantur quod fugit pro facto illo et in fugiendo posuit se in domum [ad jud] Willelmi de Cernay et ibi defendendo se captus fuit et custod male attornatus et ideo custodiatur et ad judicium.

Johannes dat 1^m ut possit esse sub plegio standi recto 1^m per plegium Willelmi de Solario.

162 [3]. Malefactores occiderunt Alditham la Notte in domo sua; nescitur a quibus; nullus malecreditur; Englescheria non est presentata; Judicium,—murdrum; et m̄dr juratores presentaverunt falsos presentatores qui mortui sunt unde sunt convicti et ideo in misericordia. m̄ia

163. Robertus serviens Gaufrici de la Mare occidit Johannam uxorem ejusdem Gaufridi et fugit et postea

---

[1–1] Interlined in both A and B.

[2] In A all these names, except first, second, and fifth, are struck out; over some *obiit* is written; the roll does not say what they had done to deserve amercement. B does not give all the names, and does not explain the amercement.

[3] In 162-3 a few words are supplied from B.

captus fuit in orto monalium de Catesby in comitatu
Norhamtonie; et imprisonatus apud Norhamtoniam et
postea, ut dicitur, ejuravit regnum; nullus alius malecreditur; catalla ejus 6ᵈ unde Simon de Matresdona
respondeat. Englescheria non est presentata; Judicium,—
murdrum.

164. [B] Aluredus filius Hugonis occidit Gilebertum
filium Brichtwin et fugit et fuit in franco plegio villate
de Culberlege et ideo in misericordia; nullus alius malecreditur; interrogetur et utlagetur; catalla fugitivi ½ᵐ unde
vicecomes respondeat; Englescheria non est presentata;
Judicium,—murdrum.

165. [B] Johannes filius Willelmi de Shortegrave inventus fuit occisus in campis de Elkestan; nescitur quis
eum occidit; nullus malecreditur; Judicium,—murdrum.

166. [B] Johannes de Elkestan est de custodia domini
Regis et Godefridus illum habet et terra ejus valet 7¹.

167. [B] Alanus de Geddewrde occidit Edwardum de
Geddewrde et fugit et fuit manens in Cheddewrde extra
francum plegium et ideo villata in misericordia; nullus
alius malecreditur; Judicium,—interrogetur et utlagetur;
nulla catalla habuit; Englescheria non est presentata nisi
per duos et ideo murdrum.

[Memb. 13 dors.]

Hundredum de Bradelege Cir.

168. Robertus Capellanus de Salpertone occidit Rogerum
de Northleche, et ipse captus fuit, et malecreditur de morte
illa per 12 juratores, et nullus alius; et Episcopus per
Officialem suum petiit eum et habet, et preceptum est ei
quod faciat justiciam de eo per censuram ecclesiasticam;
nulla catalla habuit.

169. Ricardus de Ettone occidit Hugonem Wudecoc et
fugit in ecclesiam et cognovit mortem et abjuravit regnum;
et Robertus Walensis appellavit de morte illa Alexandrum

de Sucreforde et Petrum le Bocu et non est prosecutus, et ideo ipse et plegii sui de prosequendo in misericordia, scilicet m̄ɪ̄e Willelmus de Keingham et Osbertus filius Godrici[1]; et juratores neminem malecredunt nisi Ricardum, et ideo Alexander et Petrus sint inde quieti ; Englescheria non est presentata et ideo murdrum. [2]Ricardus nulla catalla m̄dr habuit[2].

170. Johannes Waspaill occidit Osbertum fratrem Fabri de Turkedene et fugit, et fuit de manupastu Willelmi persone de Thurkedene; et ideo in misericordia; et m̄ɪ̄a Ranulfus, frater Osberti appellavit eundem Johannem de morte illa et secutus est ad tres comitatus, et ideo preceptum est ei quod sequatur ad quartum comitatum et tunc habeat judicium suum. Johannes habuit terram in comitatu Buck. et ideo ibi inquirendum et de catallis et loq Buck de terra ; Englescheria est presentata.

171. Quidam puer submersus fuit ; nullus malecreditur ; Judicium,—infortunium ; Gio[3] de Cigonny cepit de qualibet captio Gionis hida Hundredi ea occasione 18^d, et de terra Episcopi de Wudendone 20^s.

172. Quidam garcio obrutus fuit rota molendini de Winestan ita quod obiit ; nullus malecreditur ; Judicium, dō dand —infortunium ; precium rote 8^d, unde Vicecomes re- 8ᵈ spondeat.

173. Editha la Clope occidit Agnetem de Anne et fugit ; nullus alius malecreditur ; Judicium, — interrogetur et waivietur ; nulla catalla habuit ; Englescheria non est waivietur presentata nisi per duos, et ideo murdrum; et present- m̄dr atores convicti sunt de falsa presentacione et ideo custodi- custod antur

174. Walkelinus filius Rannulfi occidit Matillidem la Daie quodam cnipulo et captus fuit super factum cum cnipulo sanguinolento, et hoc testatum est per villatam

---

[1] In A these names are struck through, and *nichil habent* written above.
[2]–[2] Not in B.
[3] In A Gio is substituted for Engelard ; B has Engelard.

et per 12 juratores, et ideo non potest dedicere; suspendatur; nulla catalla habuit.

[susp]

175. Willelmus Squelin et Alanus filius ejus, Thomas de Cherletone et Walterus filius Matillidis invenerunt unum aureum denarium in campo de Doudeswelle et illud vendiderunt Alicie filie Henrici, que venit et hoc cognovit, et dicit quod Thomas de Rocheforde tunc vicecomes illud habuit sub sigillo coronatorum, et mortuus est; Willelmus et Thomas mortui sunt, et Alanus venit et non malecreditur a juratoribus vel a villatis quod plus invenerunt; et preterea idem Alanus tempore inventionis fuit infans, et ideo quietus; et Walterus non venit et attachiatus fuit per Robertum de Daudewelle thethingham[1] et totam decennam de Doudeswelle; et ideo in misericordia; Walterus non malecreditur et ideo quietus.

[mie]

176. [2] Elias serviens de Northleche[2] et Goldingus vendiderunt vinum contra assisam et ideo in misericordia.

177. Muriella que fuit uxor Johannis de Hastinges est de dono domini Regis et terra ejus valet 40ˢ in illo Hundredo.

[marit]

178. Gaufridus Lyry occisus fuit in campis de Aldewelle; nescitur a quo; et fuit in guerra et ideo nichil.

179. Richebella filia Walteri de Cherchedone appellavit Robertum filium Johannis de Stawelle de rapo, et non est prosecuta, et ideo capiatur; et Robertus non venit et attachiatus fuit per Odonem de Stawelle thethingham[3] et totam theothingam suam; et ideo in misericordia.

[mie]

180. Ad judicium de juratoribus qui concelaverunt tres loquelas.

[ad judm]

181. Elias clericus de Doudeswelle arestatus fuit per indictamentum 12 juratorum, et juratores postea cognoverunt quod nichil sciunt de eo nisi de tempore guerre; et ideo in misericordia; et Elias committitur decano ad mandatum Episcopi per breve suum.

[mia]

---

[1] *thethinghā*: it should be *thethingman*. [2-2] Struck out in A.
[3] *Sic*: it should be *thethingman*.

Veredictum Foreste de Dene.

182. Viridarii loco Coronatorum presentant loquelas de Foresta eo quod Comitatus recordatur quod ita solet fieri.

183. Lovicus de Stauntone occidit Walterum Capellanum et fugit; nullus alius malecreditur; fuit manens in villa de Stauntone, et ideo villata in misericordia.

Et Ricardus de Westbiria, Ricardus de Blechedone, Ricardus de Estone, Willelmus de Heliun et Radulfus de Rodlege viridarii qui presentant placita corone dicunt quod nullum est francum plegium in Foresta, nec villate debent respondere de fugitivis; et Comitatus recordatur quod villata debet respondere de omnibus fugitivis et hoc inventum est in rotulis de ultimo itinere, scilicet, de villata de Bikenoure, que amerciata fuit ad $\frac{1}{2}^m$ pro fuga Gromhugelot qui combussit quandam domum; et ideo ad judicium [ad jud] de viridariis. Perdonatur[1].

Catalla Lovici 5^s unde Ricardus Wither respondeat; 5^s [2]nullum est ibi murdrum ut comitatus rec[*ordatur*][2].

184. Willelmus Godwine occidit Hugonem Sapham et fugit; et fuit itinerans in Wallia apud Tromlege nullus alius malecreditur; Judicium,—interrogetur et utlagetur; exig nulla catalla habuit.

185. Gaufridus de Salopsira occidit Simonem de Dene et fugit; nullus alius malecreditur; et fuit de manupastu Willelmi le Dene; et ideo in misericordia; interrogetur et mia utlagetur. Catalla Gaufridi 4^s unde Johannes de Dene exig respondeat. 4^s

186. Henricus Caretarius occidit Willelmum Cornubie et fugit et fuit de manupastu Abbatis de Flexle, et ideo Abbas loq in misericordia; nullus alius malecreditur; Judicium,—in- [mia] terrogetur et utlagetur; et Abbas attachiatus fuit ad esse utl

---

[1] In B *perdonatur* is written after the statement about the chattels.
[2]–[2] Not in B.

coram justiciariis per Walterum Molendinarium et Walterum Caretarium; et ideo in misericordia, perdonatur.

[m̄īa]

187. Osbertus Sutor de S. Briavello occidit Editham uxorem suam, et fugit; et fuit manens in villa S. Briavelli, et ideo villata in misericordia; nullus alius malecreditur; interrogetur et utlagetur; catalla ejus 12^d unde Hugo de Nevilla tunc forestarius respondebit.

m̄īa
exig
12^d

188. Eberardus Carpuntarius occidit Ricardum Piscatorem et fugit; et fuit itinerans; nescitur quis fuit; nullus alius malecreditur; interrogetur et utlagetur; nulla catalla habuit.

exig

189. Johannes Spirewin occidit Petrum filium Walteri quodam cnipulo sicut ludit ad talos; et ipse captus est; et venit et super hoc venit Ricardus forestarius ballivus Regis et dicit quod idem Johannes lusit cum Johanne Goky et Arnaldo Lippard ad talos, ita quod discordia orta inter eos, et idem Johannes putavit percutere unum ex sociis suis et percussit ipsum Petrum sicut tulit eis potum ita quod obiit; et statim fugit; et ipse simul cum pluribus aliis de villa secuti fuerunt eum et ipsum fugiendo cum cnipulo sanguinolento in manu sua ceperunt cum uthesio levato, et defendendo se cum eodem cultello, et villata de S. Bruello venit ad uthesium et hoc idem testatur et ideo Johannes habeat judicium suum.

trans
ad jud

Et Johannes Goki venit et non malecreditur et ideo quietus; et Arnaldus fugit pro timore et non malecreditur, et ideo non interrogetur, et redeat et det plegios standi recto.

190. [B] Willelmus le Noreys appellavit Robertum Muschet de pace domini Regis et de combustione cujusdam logie sue et Willelmus non venit et invenit hos plegios de prosequendo scilicet, Walterum le Venur et Gilbertum Respe et ideo in misericordia et Robertus venit et non malecreditur et ideo inde quietus.

m̄īe

191. [B] Ecclesia de Nova terra est de donacione domini Regis et Robertus de Wakerle illam tenet ex dono Regis Johannis.

192. [B] Loquendum cum domino Rege de ecclesia S. Briavelli que de jure spectat ad dominum Regem.   loq

193. [B] Beggenora est in custodia domini Regis et J. de Munemue inde respondet ad scaccarium; de valore nil sciunt; heres est in custodia Johannis de Dorlege per dominum Regem.

194. [B] Custodia terre et heredis Henrici de Stantone est in manu Philippi de Bamptone per Regem Johannem.

195. [B]¹ Comes Marescallus pater levavit novas consuetudines de novo scilicet quod capit tolnetum in aqua de Striguyl et ideo inde loquendum.   loq

196. [B] Seriantia de Lacu est in custodia domini Regis et Johannes de Munemue illam habet per Regem Johannem.

197. [B] Hugo Chark appellat Walterum de Ewyas et Gilebertum Hatweye et Paganum filium Sacerdotis de plagis et roberia; venit et retraxit se et ideo custodiatur et alii inde sine die.

[Memb. 14.]

Hundredum de Chiltcham.

198. Quidam serviens Prioris de Launtoney cecidit de quodam equo et obiit; nullus alius malecreditur; Judicium, —infortunium; precium equi 3ˢ; dantur operacioni ecclesie.

199. Malefactores occiderunt Anestasiam uxorem Edithi de Sumdone; nescitur qui fuerunt nec Englescheria presentata est, Judicium,—murdrum.   m̄dr

200. Johannes de Brochamtone occidit Cristinam de Alre, et fugit in ecclesiam, et evasit; nullus malecreditur; interrogetur et utlagetur; nulla catalla habuit; et hoc fuit tempore guerre, set non fuerunt homines guerrini et ideo nullum murdrum.   exig

201. Osbertus de Ponte occisus fuit in campo de Huccewelle; nescitur a quo; nullus malecreditur; Englescheria non est presentata. Judicium,—murdrum.   m̄dr

202. Willelmus filius Edithi cecidit de quadam equa et

¹ In A 196 comes before 195.

<small>dō dand
2ª</small> obiit; nullus malecreditur; Judicium,—infortunium; precium eque 2ˢ; unde vicecomes respondeat.

203. Duo homines ignoti inventi fuerunt occisi in campis de Hamme; nescitur qui fuerunt, vel quis eos occiderit; <small>duo m̄dr</small> Judicium,—duo murdra; et Willelmus le Messer eos invenit et mortuus est.

204. Malefactores venerunt ad domum Hugonis de la Breche et ipsum occiderunt et Matillidem uxorem ejus et Johannem filium ejus et Julianam filiam ejus; nescitur qui fuerunt latrones; Englescheria non est presentata; Judi- <small>m̄dr</small> cium,—murdrum.

205. Quedam femina ignota inventa fuit occisa in Ber- <small>m̄dr</small> keria extra Prestebiriam; nescitur que fuit; murdrum.

206. Walterus filius Willelmi occisus fuit ad faldam Abbatis Cirencestrie; nullus malecreditur; Englescheria <small>m̄dr</small> non est presentata; Judicium,—murdrum.

207. Thurstanus despenser tenet centum solidat. terre <small>seriant</small> per seriantiam quod sit dispensator domini Regis.

208. Petrus filius Walteri tenet 20 sol. terre per seriantiam Coquine; nesciunt aliud dicere.

209. G. de Breuse[1] Episcopus Hereford. levavit furcas in communia pastura domini Regis de Winesdone, et Hugo <small>[ad jud]</small> Foliot deforciat domino Regi illam communiam occasione illarum furcarum et ideo inde ad judicium; [2]Episcopus summoneatur quod sit inde responsurus[2].

210. Juratores dicunt quod Almaricus le despenser tresturnavit quandam aquam ad nocumentum liberi tenementi domini Regis in Chilteham, per quod aqua eis deficit in villa sua; set hoc factum fuit ante aliud iter justiciariorum, set tunc posita fuit loquela in respectum eo quod Turhstanus filius ejus tunc fuit infra etatem et in custodia domini Regis, <small>[loq]</small> et ideo inde loquendum. [3]Et ideo vicecomes eat ibi cum 12 militibus et aquam esse faciat sicut esse debet et solet

---

[1] *G. de Breause* B. [2-2] Postscript in A; nowhere in B.
[3-3] Postscript both in A and B; the last seven words are not in B. In A the last word is *antetrestrm̄*.

post coronationem Regis Johannis et ostendat justiciariis quid ibi fecerit antetresturnum ³.

211. Ad judicium de juratoribus qui concelaverunt 5 loquelas. *ad judm*

212. Johannes filius Abraham de Cherletone fugit in ecclesiam et cognovit se esse latronem et abjuravit regnum. *abjur*

213. ¹ Willelmus de Fonte et Alexander filius ejus malecrediti sunt de morte cujusdam mercatoris, qui hospitatus fuit in domo ejusdem Willelmi, et qui visus fuit ibi hospitari et nunquam exivit nisi mortuus ; et ipsi veniunt et defendunt totum et ² nolunt ponere se super patriam. Juratores dicunt quod Alexander et Agnes mater ejus occiderunt ipsum mercatorem, et eum asportaverunt, et habuerunt de suo 15^m et 1 zonam ³ et pater suus fuit consensciens ³; et hoc idem dicunt villate de Cherletone, Lechamtone et de Hamme, et sciunt bene quod ibi hospitatus fuit, et quod mortuus asportatus fuit. Willelmus custodiatur in gaola committatur 12 legalibus hominibus ⁴ preceptum vicecomitis ⁵ et alii remaneant in gaola ⁶. *ad jud* *custod* *cat loq*

Hundredum de Langetre.

214. Malefactores occiderunt Rogerum de Uptone et Painam uxorem ejus ⁷ et Walterum filium eorum ⁷ et nescitur qui fuerunt ; nullus malecreditur ; inventor venit et non malecreditur, et ideo quietus ; ⁸ Engleschéria presentata est etc. ⁸

215. Quedam femina inventa fuit occisa in domo sua

---

¹ A postscript, which is written all round the next heading, ' Hundred' de Langetre ;' the writer has little room. The case clearly belongs to the Cheltenham Hundred. In B it appears between 277 and 278.

² *set* B. ³—³ Not in B.

⁴ *de cat (de catallis)* is here interlined ; perhaps the word *per* is omitted before *preceptum* ; the writing is cramped for lack of space.

⁵ *vic* ; any case of vicecomes.

⁶ In place of this last sentence B has *Et quia ipsi non posuerunt se super patriam custodiantur in gaola*.

⁷—⁷ Not in B. ⁸—⁸ Not in B.

apud Cherletone; nescitur quis eam occiderit; Englescheria non est presentata, et ideo murdrum; nullus malecreditur.

m̄dr

216. Anketillus Molendinarius et Unfridus de Shiptone rettati fuerunt de receptamento Willelmi Molendinarii, qui combussit grangiam Abbatis Malmesbirie; et Anketillus obiit, et Unfridus venit et non malecreditur et ideo quietus. Willelmus convictus fuit in comitatu et per preceptum Regis Johannis combussus. Et juratores concelaverunt rettum[1] de Unfrido et ideo in misericordia.

m̄ie

217. Osbertus de Bulpache et Petrus filius ejus capti fuerunt pro agnis furatis et Petrus in comitatu per judicium comitatus suspensus fuit; et Osbertus commissus fuit Jordano Scotmodi, et ideo comitatus faciat recordum. Et comitatus recordatur quod Petrus captus fuit in chemino cum agnis sicut illos fugavit, et illi quorum fuerunt ipsum ceperunt, et ductus fuit ad comitatum, et cognovit furtum, et ideo suspensus fuit per sectam eorum quorum agni fuerunt; et quia idem Petrus fuit de manupastu Osberti patris sui Gerardus de Athie cepit ipsum Osbertum, et quia comitatus non ausus fuit precise aquietare ipsum, commisit eum Gerardus Jordano Scotmodi, et interim evasit de prisona sua et reddidit se apud Malmesbiriam; et juratores hoc cognoverunt et ideo in misericordia pro falsa presentacione sua.

m̄ie

218. Johannes de Westone et Leticia de Westone occiderunt quandam Gunnillam et filiam ejus, et fugerunt in ecclesiam et abjuraverunt regnum; et Johannes non fuit in franco plegio, immo manens apud Westone, et ideo villata in misericordia. Catalla Johannis 10^d unde Simon de Matresdone respondeat; Englescheria non est presentata, et ideo murdrum.

m̄dr
m̄ia
10^d

219. Gaufridus filius Radulfi occidit Serlonem de *Crommer* et captus fuit, et postea commissus Rogero de Crunwelle de Horsheie et thethinge sue per preceptum justiciariorum pro una marca; et postea posuit se in ecclesiam

---

[1] *totum* not *rettum* B.

post adventum justiciariorum, et cognovit factum, et abjuravit regnum, et Rogerus et thethinga sua in misericordia m̄ia pro fuga. Catalla Gaufridi 10^s ^{1} unde vicecomes respondeat; [10^s] Englescheria non est presentata quia captus fuit.

220. Malefactores occiderunt Hugonem filium Hathulf et Editham uxorem ejus et 4 pueros suos de nocte; nescitur qui fuerunt; nullus malecreditur, preterquam Rogerum forestarium, qui pro eodem facto captus fuit et mortuus est; et villata de Wudecestria concelavit rettum illud ^{2}et captionem^2 et ideo in misericordia. Englescheria m̄ia falso presentata est, et ideo murdrum. m̄dr

221^3. Adam filius Basilie submersus fuit; nullus malecreditur; Judicium,—infortunium; Basilia mater ejus non venit et attachiata fuit per Hamundum Gille thethingman et decennam suam de Hamptone, et ideo in misericordia. m̄ie

222. Quidam homo ignotus inventus fuit occisus in bosco de Hamptone; nescitur quis fuit, vel quis eum occidit; et ideo murdrum; nullus malecreditur. m̄dr

223. Malefactores occiderunt Sarram filiam Edrichi de la hide de nocte in domo ipsius Edrichi; nescitur qui fuerunt; Englescheria non est presentata ex parte matris, et ideo murdrum; inventrix venit. m̄dr

224. Edrichus prepositus de Wudecestria occidit Walterum le Walkere, et fugit, et fuit in franco plegio villate de Wudecestria; et ideo villata in misericordia; nullus alius malecreditur; Judicium, — interrogetur et utlagetur. Catalla ejus 5^s unde Simon de Matresdone respondeat; 5^s Englescheria non est presentata, et ideo murdrum. m̄dr

225. Robertus filius Willelmi Pinnoc et Willelmus filius Willelmi invenerunt tria frustra vitri in quodam campo, et venerunt, et non malecreduntur, et ideo inde quieti quia dictum est precise quod nichil plus inventum fuit.

---

^{1} The 10^s in the margin is struck through and something is here interlined; it seems to be the abbreviation for *clericis*. It is not in B.
$^{2-2}$ Interlined in A.
^{3} 221-226. Some missing words and marginal notes are supplied from B.

226. De vinis vendiditis, dicunt quod Simon del Larder et Rannulfus le Moelor vendiderunt vinum in Tettesbiria[1], et ideo in misericordia.

227. Robertus de Tettesbiria captus fuit per appellum cujusdam probatoris de Bristollia tempore Engelardi[2], et commissus fuit decenne ville de Tettesbiria, et evasit de eorum custodia, et Engelardus cepit de eadem thethinga[3] pro evasione centum sol. et ideo respondeat et ad judicium de eo[4] qui tenuit placitum; et Robertus malecreditus de latrocinio illo et societate et aliis furtis, et ideo interrogetur et utlagetur; catalla ejus $\frac{1}{2}^m$[5] unde Petrus filius Hereberti respondeat.

228. Walterus Bot et Hugelot filius ejus capti fuerunt per indictamentum 12 juratorum pro receptamento Johannis Bot fratris ipsius Willelmi fugitivi pro bidentibus quas ipse furatus fuit, [6]et similiter pro receptamento cujusdam alii latronis suspensi[6], et similiter pro aliis maleficiis unde ipsi habuerunt ipsos Walterum et Hugelot suspectos. Et ipsi venerunt coram justiciariis et defendunt[7] et receptamentum, et societatem latrocinii, et consensum, et ponit[8] se super veredictum 12 juratorum et super patriam et de bono et de malo

Juratores dicunt precise[9] quod ipse Willelmus receptavit ipsum Johannem post fugam illam, et bene intelligunt quod ipse haberet partem suam de latrociniis ejusdem Johannis. Dicunt eciam quod ipse receptavit Walterum de Hedwurthe latronem qui suspensus [*est*] postquam Rogerus Goman pater ejusdem Walteri eum fugavit de eo pro latrocinio. Et quia Hugelot filius ipsius Willelmi fuit cum

---

[1] In A a word illegible seems to have been here interlined; nothing answers to it in B.
[2] *Engel. de Cyguny* B.
[3] *de eadem tettesbir* B.   [4] *Engleardo*, not *eo* B.
[5] *5*ˢ B.
[6]–[6] Interlined in A; nowhere in B.
[7] *omnem nequitiam* B inserts.   [8] *ponunt* B.
[9] *precise* interlined in A; nowhere in B.

eo in hospicio suo et de manupastu ejus, dicunt juratores quod ipse similiter fuit consenciens ipsi receptamento et aliis maleficiis. Et villate de Horslege de Wdecestria et susp Rodmertone et de Tettesburia idem dicunt, et ideo con- susp sideratum est quod ipsi suspendantur.

229. [B] Willelmus de Lichelade captus fuit per indictamentum 12 juratorum de latrocinio bidentium furatarum. Et ipse venit coram justiciariis et noluit ponere se super juratam[1]. Et ipsi dicunt super sacramentum suum quod intelligunt ipsum esse latronem de bidentibus furatis apud Blebiriam set nesciunt nomina eorum quorum bidentes fuerunt et villate de Lichelade Suthrope Eytrope Kermerforde[2].

[Memb. 14 dors.]

Hundredum de Theokesbiria.

230. Mauricius filius Roberti de Oxendone et quedam Cecilia filia Willelmi ceciderunt de quodam batello in aquam de Sauerne, et submersi fuerunt, et Thomas le Punter fuit cum eis in batello illo [3] et vix evasit [3], et non malecreditur per 12 juratores; precium batelli 18^d; [4] dentur 18^d deo dentur deo ad pontem [4]; et abbas hoc cepit in manum; et Thomas le Punter eat inde quietus.

231. Ricardus filius Willelmi cecidit de quodam batello in Sabrinam, et submersus fuit, et juratores presentaverunt in veredicto suo quod ipse cecidit de falcisia in aquam, et inventum fuit in rotulis coronatorum quod cecidit de batello, et villate propinquiores hoc idem testantur, et ideo ad judicium de juratoribus; precium batelli 6^d unde ad judm 6^d tethinga de Muthe debet respondere.

232. Paulinus garcio qui custodivit equos domini Regis cecidit de quodam batello in Sabrinam, et submersus fuit,

[1] *jur.*
[2] Here B stops short; A is much mutilated but had more, semble, *Similiter dicunt et ideo custodiatur.* After this there are in A the remains of an entry, No. 241, which in B occurs under a different heading.
[3]—[3] Interlined in A; in text of B.   [4]—[4] *dentur ponti pro deo* B.

et illi qui fuerunt intus cum eo evaserunt, set mortui sunt;
precium batelli 12^d unde Walterus prepositus de Theokesbiria debet respondere.

12^d

233. Ricardus filius Piscatoris cecidit de quodam batello
in aquam, et submersus fuit, et Walterus Pride respondeat
de sex denar. precio batelli ipsius.

6^d

234. Robertus de Bergeueni occidit Walterum la Weice
hominem Jacobi de Vabadun, et fugit, et nullus alius malecreditur de morte illa, et ideo exigatur; non habuit catalla;
fuit de hospicio Comitis Gloucestrie et non fuit in aliquo
franco plegio et ideo ad judicium de Comite. Englescheria
Walteri non fuit presentata ideo . . . . . [1] Et sciendum
quod Comes presens fuit et dixit quod pro aliqua morte
taliter contingente de hospicio suo nullum erit murdrum, et
ideo loquendum.

exig

lo

lo de m̄dro

235. Gaufridus Visdelu cecidit de quodam batello in
Sabrinam, et submersus fuit, vicecomes respondebit de
precio batelli.

trāns

236. Stephanus de Swendone occidit Jordanum de
Uchintone, et fugit; et testatum est quod ipse postea
captus fuit apud Straford [2] in com. Warr. et replegiatus per
prepositum ejusdem ville et ideo loquendum inde apud
Warrwickam. Et juratores testantur super sacramentum
suum quod ipse illum occidit et nullum alium malecredunt.

apd Warr

237. Robertus de Merstone inventus fuit occisus in
campis de Clifforde; et nescitur quis eum occidit et
Englescheria presentata est.

238. Quidam extraneus [3] de partibus transmarinis [3] occisus fuit de noctu in domo Edithe de Oxendone ubi ipse
hospitatus fuit, et ille qui eum occidit socius ejus fuit, et
fugit, et preterea duo alii qui similiter hospitati fuerunt in

---

[1] A blank space in A; in B *presentata et ideo inde loquendum*.
[2] Substituted for *Kenillewurthe* in A; B has *apud Kenilleword et evasit et postea captus fuit apud Stratford*.
[3-3] Interlined in both.

domo illa capti fuerunt pro morte illa et liberati Gioni de Cancelliis[1] tunc constabulario castri[2]; set de exitu eorum nichil sciunt. Et Editha non malecreditur de morte illa, et ideo eadem inde quieta; et quia Englescheria occisi non fuit presentata ideo murdrum; et ad judicium de Philippo murdr de Oxendone uno de juratoribus qui dixit quod predicti ad judm duo homines deliberati fuerunt per comitatum[3] et alii 11 et comitatus ei deficiunt[4].

239. Malefactores venerunt de nocte ad domum Radulfi Kasse et occiderunt Raginildam uxorem suam et duas filias suas; et nescitur qui ipsi fuerunt; Englescheria ipsorum non fuit presentata, ideo murdrum. Et 12 murdr juratores in misericordia pro falsa presentacione per mia alios quam per illos qui nominantur in rotulo coronatorum.

240. Ricardus de Templo de Botindone et Thomas filius Aldithe de Burtone fugerunt pro malo retto, et testatum est tam per milites juratos[5] de hundredo de Dierherst quam per illos de Teckesbiria quod ipsi sunt malefactores, et ideo exigantur et utlagentur. exig

241. [B][6] Elyas de Nasse captus fuit pro malo retto et vicecomes commisit eum Philippo la prophete et decenne sue in custodia habendi eum coram justiciariis ad summonicionem suam et Philippus presens fuit et hoc cognovit et dicit quod ipse est cruce signatus et iter suum arripuit ita custod quod non potest habere eum recto; et ipse malecreditur per 12 juratores et ideo exigatur et Philippus et tethinga illa custod. Elyas non habuit catalla et fuit in decenna predicti Philippi et ideo in misericordia. mia

---

[1] *Cancell* A, *Chaunceaus* B.   [2] *de Glouc* B inserts.
[3] *per com* A B.
[4] *et alii 11 jur. hoc dedixerunt et comit similiter et ideo in misericordia* B
[5] *jur* interlined after *milites* in A; in text of B.
[6] This entry had a different place in A; see above, No. 229.

Villata Theokesbirie.

loq

242 [1]. Nichil dicunt quod superius non sit dictum [1], nisi de latitudine pannorum non servata, et ideo loquendum.

243. Willelmus Brun rettatus de furto fugit in ecclesiam, et postea exivit cum quodam fardello de pannis furatis, et in fugiendo captus cum latrocinio et Comes Gloucestrie petit curiam suam, et habet; libaretur ei.

Adhuc de Hundredo Theokesbirie.

ad jud

trans

[custo-
diatur]
$\frac{1}{2}^m$

244. Milisantia uxor Ivonis de Clifford apposuit ignem in domo Basilie filie Giliberti pro odio[2] quod habuit versus eandem Basiliam, ita quod domus ejusdem Basilie et due domus proxime combuste sunt, et fugit; et malecreditur; Ivo vir suus venit et dicit quod tunc fuit coram justiciariis apud Gloucestriam quando hoc factum fuit, et juratores hoc idem dicunt, et ideo ad judicium quid inde fieri debeat, quia juratores precise dicunt quod ipsa ita apposuit ignem. Et ideo[3] consideratum est quod idem Ivo custodiatur[4]. Finem fecit per $\frac{1}{2}^m$ per plegium Walteri de Clifforde Abbatis, Elie de Wynecote, Willelmi de Alscote et Willelmi filii Ivonis de Derhurst; idem sunt plegii quod habebit uxorem suam si eam invenerit.

Hundredum de Cirencestria.

de prisis

245. Malefactores occiderunt Geuam de Pendebiria de nocte in domo sua, et Henricus filius Sacerdotis de Duntesborne et Willelmus filius Philippi Map et Ricardus filius Bertram rettati fuerunt de morte illa; Henricus obiit et Willelmus et Ricardus capti fuerunt et inprisonati per

---

[1–1] *Juratores nichil aliud dicunt quam alibi dictum non sit de jur' de hundr' de placitis corone* B.

[2] *per hodium* B.

[3] Instead of *ideo* B has *et quia ipse Ivo cognovit quod ipsa Miliss. est uxor ejus et ipse debet eam habere ad standum recto sicut seipsum.*

[4] *custodiatur* is in both rolls struck through; Ivo makes fine.

Gerardum de Atye et deliberati per 5ᵐ; et non malecreduntur et ideo non interrogentur[1]; Englescheria non est presentata et ideo murdrum.   m̄dr

246. Quidam homo ignotus inventus fuit occisus in chemino de Strettone nescitur .... quis eum occiderit; Englescheria non est presentata et ideo murdrum. Mar- m̄dr tinus de Eggelewrde et Ricardus filius ejus capti fuerunt pro eodem facto et finem fecerunt cum Engelardo per 6½ᵐ, et ipsi veniunt et non malecreduntur; immo testatum est loq de pris per omnes de comitatu quod Jordanus Scotmodi eos cepit per odium occasione bidentium quas idem Martinus noluit ei vendidisse et ideo ipsi inde quieti.

247. Johannes Lubersausse occidit Gervasium de Bandintone in lecto suo ubi jacuit juxta uxorem suam; et fugit in ecclesiam, et cognovit mortem, et fuit clericus, et postea evasit de ecclesia, et ideo interrogetur et utlagetur; interrog et Nicholaa uxor Gervasii per quam Gervasius obiit et occisus fuit, capta fuit et inprisonata, et mortua est. Englescheria non est presentata et ideo murdrum.   m̄dr

248. Quidam homo ignotus inventus fuit occisus in campo de Duntesburne nescitur quis fuit vel quis eum occiderit; nullus malecreditur; Englescheria non est presentata; Judicium,— murdrum.   m̄dr

249. Quidam mercator inventus fuit occisus juxta divisas Wiltesire; nescitur quis fuit vel quis eum occiderit; nullus malecreditur; Englescheria non est presentata; Judicium,— murdrum.   m̄dr

250. Ricardus Cobbe occidit Robertum de Stutevilla de Wiltesira et fugit, et fuit in franco plegio villate de Amenel Abbatis, et ideo villata in misericordia; nullus alius male- m̄ia creditur; Judicium, — interrogetur et utlagetur. Catalla utdus ejus 10ˢ unde heres Gerardi de Athies respondeat. Ro- 10ˢ bertus obiit in com. Wilt. ideo [*nulla*] Englescheria[2].

251. Henricus Stacke occidit Willelmum filium Johannis

---

[1] *et ideo malecreduntur et ideo interrogentur* B.
[2] *et ideo non presentata Englescheria* B.

<small>mīa</small>
<small>abjur</small>
<small>4ˢ</small>
<small>m̄dr</small>

<small>mīe</small>

prepositi quadam pelota et fugit ʼet fuit manens apud Hamtone Rogeri de Meisi extra francum plegium, et ideo villata in misericordia ; nullus alius malecreditur; Henricus fugit in ecclesiam et cognovit mortem et abjuravit regnum coram coronatoribus; catalla ejus 4ˢ unde vicecomes respondeat; Englescheria non est presentata et ideo murdrum. Juratores concelaveruunt catalla et fecerunt falsam presentacionem Englescherie et ideo in misericordia.

<small>abjur</small>

<small>mīa</small>
<small>18ᵈ</small>
<small>m̄dr</small>

252. [B] Jordanus Molendinarius de Uphamenhelle occidit Thomam de Bristollia et fugit in ecclesiam et cognovit mortem et abjuravit regnum coram coronatoribus et fuit in franco plegio villate de Amenelle Abbatis et ideo villata in misericordia. Catalla ejus 18ᵈ unde Henricus de Droys respondeat; Englescheria non est presentata et ideo murdrum.

<small>mīa</small>
<small>utl</small>

253. [B] Robertus clericus de Cotes occidit Willelmum de Bosco in villa de Cotes ¹ad quandam cervisiam¹ et fugit et villata cognovit quod interfuerunt ubi occisus fuit ad cervisiam ante horam vesperam et non ceperunt eum et ideo in misericordia ; nullus *alius* malecreditur; Judicium,—interrogetur et utlagetur; nulla catalla habuit ; Englescheria nulla est pro gwerra.

<small>abjur</small>

<small>loq sup</small>
<small>Wilt</small>

254. [B] Henricus Petitclerc fugit in ecclesiam de Prestone et cognovit quod ipse cum sociis suis occidit Simonem de Segrey et abjuravit regnum; alii malecreduntur de hac morte. Et juratores dicunt quod uxor ejusdem Simonis fecit eum occidi ita quod dictum est quod Willelmus de Camera qui adamavit uxorem ejusdem Simonis prolocutus fuit quod ipsa debuit nodare filum ad suum pedem, et ita fecit et posuit capud fili foris ad hostium, et tunc venit predictus Willelmus et traxit filum et ipsa evigilavit et emisit domicellam suam cum quodam anulo aureo et mandavit ei quod secure potuit intrare, et ita intravit et eum occidit. Nomina occisorum in rotulo de privatis. Catalla Henrici ½ᵐ unde Aunselus de Cernay respondeat. Post²

---

¹⁻¹ Interlined.   ² Postscript.

venit ipse Willelmus de Camera et defendit mortem de verbo in verbum sicut curia etc.; et dicit quod eo tempore quando illud factum fuit, fuit ipse in exercitu Lodowicy apud Londoniam; et Comes Marescallus presens est et hoc testatur; et desicut idem Simon fuit in alio exercitu guerrino petit quod hoc ei allocetur. Et ideo ponatur per plegios quod sit auditurus judicium suum apud Westmonasterium a die S. Mich. in 5 septim. Hii sunt plegii Johannes Marescallus, Willelmus de Estone, Mauricius Pincerna, Thomas de Reigny, Henricus Notte, et Radulfus de Wiltone.

[Memb. 15.]

Adhuc de Hundredo Circencestrie.

255. Thomas de Minthy occisus fuit extra villam de Baldintone, et Willelmus Hariold et Ricardus filius Baldewini rettati et malecrediti de morte illa fugerunt, et fuerunt manentes in villa de Cernay, et non fuerunt in franco plegio, et ideo villata in misericordia; ambo malecreduntur; Judicium,—exigantur et utlagentur; nulla catalla habuerunt; et Ricardus Corm et Henricus filius Ricardi, Willelmus Pateriche et Robertus Skeredun et Ricardus Blendewin et Henricus filius Eldwini attachiati pro eadem morte, venerunt et non malecreduntur, quia nullam culpam habuerunt nisi propter hoc quod fuerant ad quasdam nuptias ad convivium ubi predicti fuerunt; et ideo inde quieti; Englescheria Thome non est presentata, et ideo murdrum.   m̄dr

256. Robertus Corc et Ricardus filius[1] ejus et Henricus serviens ejus occiderunt Robertum Curun et Robertus et Ricardus fugerunt in ecclesiam, et cognoverunt mortem, et abjuraverunt terram; et Henricus fugit pro eadem morte, et nullus alius malecreditur; Henricus exigatur et utlagetur; et fuerunt in franco plegio villate de Cernay; et ideo in misericordia; Catalla Roberti 3^s unde Henricus de

[1] *socius* B.

  Drois respondeat ; Englescheria non est presentata ; Judi-
m̄dr cium, — murdrum ; Ricardus et Henricus nulla catalla
habuerunt.

  257. Malefactores venerunt ad domum Rannulfi de
Cernay et ibi occiderunt Robertum de Shornecote et unam
puellam pauperem ibi hospitatam et uxorem Rannulfi et
ipsum Rannulfum et omnes pueros suos male vulneraverunt
m̄ia et asportaverunt quicquid ibi invenerunt ; nescitur qui
fuerunt ; postea inventum est in rotulis vicecomitis[1] quod
Richemanus filius Everardi et Walterus frater ejus rettati
fuerunt de morte illa, et attachiati venerunt ; et juratores
concelaverunt rettum illud ; et postea cognoverunt, et ideo
juratores in misericordia ; et Richemanus et Walterus
venerunt et ponunt se super patriam de bono et de malo ;
juratores non malecredunt eos, et ideo quieti ; Englescheria
m̄dr non est presentata et ideo murdrum.

sup Cir Loquendum de Thoma de Minthy rettato de eodem.
Et coronatores cognoscunt quod loquela illa presentata fuit
eis et nichil inventum est in rotulis suis nec aliquid inde
m̄ia recordantur, et ideo in miseriocrdia.

  258. Item malefactores occiderunt Aliciam Alurici de
Cernay de nocte in domo sua et Hugonem filium ejus ;
nescitur qui fuerunt ; nullus malecreditur ; Englescheria
m̄dr non est presentata ; Judicium,—murdrum.

  259. Walterus filius Thurstani occidit Andream de
Cotes, et fugit, et fuit manens apud Rodmeretone extra
m̄ia francum plegium ; et ideo in misericordia ; et Alicia uxor
Andree secuta est ad tres comitatus, et ideo sequatur ad
exīg quartum quousque utlagetur. Laurencius de Lasceles
malecreditus de eadem morte captus fuit et liberatus Epis-
cap copo Selvestri[2] quia clericus, et ideo capiatur ; Englescheria non est presentata, et Laurencius malecreditus est
de morte.

---

 [1] Substituted in A for *coronatorum*, which remains standing in B. Obviously the correction is requisite.
 [2] *Silvestro* B.

260 [1]. Juratores dicunt quod Stephanus de Mucle-tone, Johannes clericus Jordani Scotmodi et Henricus de Crupes et Warinus de Amene et Ailwardus de Amene per preceptum Engelardi tunc vicecomitis [2] venerunt ad domum [2] Katerine de Hundlaneside et domum suam [3] et ceperunt tres equos et sex animalia et 14 porcos et 46 oves et vasa domus sue ea ratione quod noluit reddere ei filiam suam ad maritandum eidem Stephano.

Et eadem Katerina venit et queritur de eodem et petit hoc sibi emendari; set non apponit roberiam vel feloniam, nec vult sequi nisi de placito terre et heredis sui; et ideo ibi rectum habeat.

Et ad judicium de juratoribus qui presentaverunt lo- ad jud quelam que non pertinet ad coronam.

261. Robertus de Boullers et Gunnilla uxor ejus et Rogerus Harenc appellaverunt Everardum de Cernay et Walterum et Ricardum filios ejus et Ricardum filium Alicii [4] prepositi et Ricardum Dudeman et Thomam filium Molendinarii de pace domini Regis et de plagis etc.; Robertus et Gunnilla obierunt: et Rogerus non est prosecutus quia est apud Haveringe, et non venit et ideo in misericordia; et Everardus mortuus est, et Ricardus filius m̄ia Alicii similiter; et Walterus et Ricardus venerunt et defendunt totum. Et juratores dicunt quod culpabiles sunt de plagis Roberti et ideo custodiantur [5] et Ricardus et [custod] Thomas similiter culpabiles sunt et ideo capiantur [6] per- cap donatur eis pro Waltero de Verdun [5]. Et Ricardus Dudeman et Thomas filius molendinarii non venerunt et fuerunt attachiati per Walterum de Verdun et ideo Walterus in misericordia. m̄ia

262. Willelmus Flur appellavit Robertum le Frauncois,

---

[1] See note to this case.
[2]–[2] Substituted in A for *robaverunt*; the correction has not been made in B.
[3] The passage in A was, *robaverunt Katerinam .... et domum suam*; the process of correction has not gone far enough.
[4] *Alic.* [5]–[5] Not in B.
[6] In A *capiantur* is struck out, and the pardon is postscript.

Rogerum Constabularium, Willelmum Bucke, Gaufridum le Paumer et Andream de Lattone de pace domini Regis infracta ; et Willelmus obiit ; et Robertus et Andreas non venerunt; et Robertus attachiatus fuit per Walterum theothing man[1] de Driffelde, et totam thethingam suam, et Andreas per Willelmum de Cimiterio theothingman[1] et totam theothingam suam [2]de Amene Abbatis[2]; et ideo in misericordia; et Rogerus et alii venerunt; et juratores dicunt quod quidam Willelmus Russel vulneravit predictum Willelmum et ipsi omnes fuerunt in auxilio ad factum illud, et ideo custodiantur; et Willelmus Russel obiit. Rogerus finem fecit per $\frac{1}{2}$m Willelmus per $\frac{1}{2}$m Gaufridus per $\frac{1}{2}$m per plegium Abbatis Cirencestrie.

263[3]. Juratores concelaverunt tres loquelas et ideo in misericordia.

264. [B] Rogerus de Foxton cognoscens se esse latronem appellat Adam Man quod est seductor domini Regis et latro et quod furatus fuit 1 equum et 1 camisiam et quasdam braccas et 1 wimplam et hoc offert probare per corpus suum sicut curia consideraverit. Et Adam defendit totum sicut curia consideraverit.

Idem Rogerus appellat Thomam le Messer quod in tempore gwerre furatus fuit 9 garbas frumenti et 16 de avena et 4 vitulos.

Et Thomas venit et defendit totum sicut curia consideraverit quia non loquitur de societate quod cum eo furatus fuit nec in societate fuit. Consideratum est quod nullum est appellum et ideo suspendatur. Et Thomas committatur sub plegiis Willelmo filio Hugonis et Thoma de Ilmeden de Com. Warrwice et decennis suis. Et Adam nullum habet plegium et petit quod possit abjurare regnum ; et abjuravit regnum [4].

[1] *than* A B.   [2–2] Not in B; interlined in A.

[3] In place of this B has 264, 265, doubtless the *tres loquele*; A introduces 264 after 277.

[4] It appears from the mutilated entry in A that Portsmouth was the port assigned to Adam.

265. [B] Germanus Mercator et Aluricus le Poter appel- sub plev
lati a quodam probatore de Berkeleia veniunt coram
justiciariis et non malecreduntur, et ideo Germanus committatur decenne sue.

Villata Cirencestrie.

266. Laurencius de Hamptone et Ricardus de Bercam-
stede occiderunt Gilibertum clericum de Wigornia, et fugerunt in ecclesiam, et abjuraverunt terram coram coronato- abjur
ribus[1]; catalla eorum 3ˢ unde Abbas Cirencestrie respon- 3ˢ
deat; Englescheria non est presentata; Judicium, —
murdrum. m̄dr

267. Walterus de Gloucestria Fullo occidit Johannem
Molendinarium in domo Roberti Fullonis[2], et fugit in
ecclesiam, et cognovit mortem et abjuravit regnum; nullus abjur
alius malecreditur; et Walterus fuit manens apud Cirencestriam de manupastu predicti Roberti et ideo Robertus in
misericordia; per plegium Ricardi de Aqua. Catalla ejus m̄ia
10ᵈ unde Abbas[3] respondeat; Englescheria non est pre- 10ᵈ
sentata et ideo murdrum. m̄dr

268. Robertus Hod occidit Radulfum de Cirencestria in
gardino Abbatis Cirencestrie et fugit et fuit de manupastu
Abbatis Cirencestrie; et Abbas dicit quod predecessor
suus finem fecit pro hoc facto cum Johanne Rege per loq
centum lib. et ideo inde loquendum; et Robertus de Fer-
meria et Gaufridus *Guf* fuerunt ad occisionem illam, et
fugerunt et fuerunt similiter de manupastu Abbatis, et
ideo loquendum; nullus alius malecreditur; Judicium,—
interrogentur et utlagentur. Catalla Roberti de Fer- exig
meria 14ˢ 3ᵈ unde heres Gerardi de Athie respondeat. Alii
nulla catalla habuerunt; Englescheria non est presentata,
et ideo murdrum. m̄dr

---

[1] *corōn.*

[2] In A this name is struck out, and *nichil* written above.

[3] In A *Abbas* is substituted for *Thomas le Flore*, which still stands in B.

269. Robertus de Bordeslege occidit Nicholaum filium Ernoldi in domo Ricardi de Campedene et Robertus captus fuit et inprisonatus; et postea commissus fuit theothinge de Estleche Roberti de Turville; et fugit et ideo theothinga in misericordia; nullus alius malecreditur et ideo utlagetur; et Ricardus non venit et attachiatus fuit per theothingam suam propriam, et ideo in misericordia; Englescheria non est presentata et ideo murdrum.

exig
mīa
mdr

270. Quedam Isabella et quedam Ibelot pugnaverunt apud Cirencestriam et Ibelot pregnans fuit et obiit quarto die; et Isabella venit; et juratores dicunt super sacramentum suum quod non obiit pro aliquo malo quod ibi recepit immo per infirmitatem occasione pueri, et ideo Isabella quieta. Et Matillis mater Isabelle que separavit eas attachiata fuit venire coram justiciariis, et non venit, et ideo plegii in misericordia, scilicet, Stephanus Mare[1], Eborardus Cocus, Gaufridus Wippelot, Gaufridus de Larderio, Godefridus le Paumer, Rogerus Chowe, Robertus Vache, Henricus Hackesmall Robertus le Poter, Johannes Cocus, Goldfingche et Robertus Faber.

mīe

271. Emma de Cirencestria appellavit Willelmum le Poter de rapo; et ipsa obiit; et Willelmus venit et non malecreditur et ideo quietus.

272. Henricus Gard appellavit Eliam Wen, Willelmum Huse, Ernaldum Malebisse et Robertum de Crikelade de pace domini Regis et de roberia; et Henricus non venit etc. et affidavit sequi; nichil habet; et Elias et Willelmus veniunt et non malecreduntur, et ideo quieti; et Ernaldus non venit et fuit attachiatus per Adam Fabrum et theothingam suam; et ideo in misericordia; et Robertus obiit.

mīa

273. Malefactores occiderunt uxorem Ricardi Carpentarii de Minthy, et nescitur qui fuerunt; Englescheria non est presentata, et ideo murdrum.

mdr

274. Cristina filia Isabelle occisa fuit a quadam careta chargiata feno; nullus malecreditur; Judicium, — infor-

---

[1] *Mar'*, possibly *Marescallus*.

tunium; precium equi et carete 4ˢ unde vicecomes respondeat; ¹ dantur pro deo ¹. [dō dānd]

275. Adam Pollart occisus fuit in bosco de Acle et Gilibertus Caretarius fuit tunc cum eo et fugit pro morte illa; et fuit in franco plegio Luce Sheil et ideo in miseri- mīa cordia et Josephus Caretarius qui fuit cum eis venit, et non malecreditur, et ideo quietus.

276. Assisa pannorum non est servata apud Cirencestriam; et ideo ad judicium. ad jud

277. Robertus de Lente Walterus le Bel², Simon de Larderio, Gaufridus de Coleshull³, Rogerus Gard, Elias Wen, Henricus Blisse vendiderunt vinum contra assisam et ideo in misericordia⁴. mīe

[Memb. 15 dors.]
Hundredum de Pukelecherche Grumb.

278. Malefactores venerunt de nocte ad domum Osberti filii Thurkilli et occiderunt ipsum Osbertum et Walterum filium suum et Evam uxorem ejus, Simonem filium ejus, et Dionisiam et Matillidem filias suas; nullus malecreditur; Englescheria est presentata; inventrix mortua est.

279. Malefactores venerunt ad domum Cristred de Pukelecherche et occiderunt Walterum filium suum et Aliciam et Cristianam et Idoneam filias suas et Alanum filium Stephani famulum suum et Guasium le Sawuner; et nescitur qui fuerunt malefactores; nullus malecreditur; Englescheria est presentata.

280. Malefactores venerunt ad domum Domini Bathon et occiderunt Walterum de Tracy servientem suum; et Walterus de la Fordhaie et Robertus le Bel, Rogerus et Rannulfus fratres ejusdem Roberti rettati de morte illa

---

¹⁻¹ *dentur pro deo et dantur coram justiciariis in banco* B.
² *nichil*, written above his name, both in A and B.
³ Struck out in A, and *nichil* written above.
⁴ A has here 264; it is mutilated; and B has here 213.

postea capti fuerunt cum furtis; et cognoverunt mortem illam et suspensi sunt propter furtum; et Ernulfus et Widekinus filius predicti Walteri tunc fuerunt in domo illa; et venerunt et non malecreduntur, et ideo quieti; et Robertus de Wappelege et Johannes Osward tunc fuerunt in domo illa, et non venerunt, et attachiati fuerunt per Reginaldum thethingman de Pukelecherche et decennam

m̅i̅a̅
m̅d̅r

suam; et ideo in misericordia; et non malecreduntur; Engleschcria non est presentata; Judicium,—murdrum.

281. Theobaldus homo Willelmi Wallerand appellavit Hugonem Gule de pace domini Regis et de plagis; et Theobaldus venit et retraxit se et posuit se in misericordiam, et ideo custodiatur; et Willelmus Wallerand

m̅i̅a̅

plegius de prosequendo in misericordia; et juratores non malecredunt Hugonem, et ideo quietus et Theobaldus

1^m

finem fecit per 1^m per plegium Henrici de Berkelay.

Hundredum de Berkelay.

282. Ricardus clericus de Slumbruge occidit Willelmum Lunerium et fugit et fuit itinerans[1]; nullus alius male-

exig

creditur: Judicium,—interrogetur et utlagetur; et Ricardus Inguin primo venit ad mortuum; et non venit et attachiatus fuit per Johannem Aichan et totam villatam de

m̅i̅a̅
m̅d̅r

Neweham et ideo in misericordia; Engleschcria non est presentata et ideo murdrum.

283. Adam filius Willelmi de Coulege occisus fuit per rotam molendini de Coulege; nullus inventor presentatus est et villata de Coulege cognovit quod sepultus fuit sine visu coronatoris et ballivi domini Regis, et ideo in miseri-

d̅ō d̅a̅n̅d̅
12^d

cordia; nullus malecreditur; Judicium,—infortunium; precium rote 12^d, unde vicecomes respondeat.

284. Adam de Hulmanecote occidit Ricardum de Draicote et fugit, et fuit in franco plegio villate de Hul-

---

[1] Substituted in A for *manens apud Neweham*.

manecote et ideo villata in misericordia; nullus alius m̄ia
malecreditur; Judicium,—interrogetur et utlagetur; nulla exig
catalla habuit; Englescheria non est presentata; et ideo
murdrum. m̄dr

285. Hugo filius Johannis occidit Willelmum Fabrum et
fugit et fuit in franco plegio villate de Slumbrige; et ideo in
misericordia; nullus alius malecreditur; Judicium,— inter- mia
rogetur et utlagetur; catalla ejus $\frac{1}{2}^m$ unde Willelmus de exig
Estone respondeat; Englescheria non est presentata et $\frac{1}{2}^m$
ideo murdrum. m̄dr

286. Nicholaus Hurlebat inventus fuit occisus in Cimiterio de Kaumne et Juliana de Kaumne cum invenit et
non malecreditur, et ideo quieta; et quidam Rogerus le
Macun malecreditus de morte illa fugit; et fuit [1] manens in
villata [1] de Kaumna extra francum plegium; et ideo vil- exig
lata in misericordia; nullus alius malecreditur; Judicium,— mia
interrogetur et utlagetur. Englescheria non est presentata
et ideo murdrum. m̄dr

287. Quidam Walterus le Graunt malecreditus de multis
latrociniis et roberiis captus fuit et Thomas de Berkele
eum inprisonavit; et evasit de prisona sua, et intravit m̄ia eschap
ecclesiam et cognovit multa mala et abjuravit regnum; et abjur
ideo Thomas in misericordia pro evasione; catalla Wal-
teri 14^s 8^d unde Oto filius Willelmi respondeat et Johannes 14^s 8^d
de Hispania et Adam prepositus de Wudemaneote rece-
perunt catalla ejusdem Walteri et ea concelaverunt; et
veniunt et dicunt quod eo tempore quo catalla receperunt
non fuit Walterus rettatus de aliquo latrocinio; et dant
domino Regi duas m. pro habenda inde inquisicione per due m
plegium Otonis filii Willelmi. Et juratores testantur quod
legales [2] sunt et quod nichil sciverunt de iniquitate sua;
et ideo quieti.

288. Robertus Bertram appellavit Robertum filium Gui-

---

[1]–[1] Substituted in A for *in franco plegio villate*, which still stands in B.
[2] *legales homines* B.

donis de pace domini Regis et plagis; et Robertus venit et
retraxit se et non vult sequi; et ideo custodiatur, et Elias

mia   de *Buulla*[1] plegius de prosequendo in misericordia. Et
juratores non malecredunt Robertum filium Widonis et
[custod]   ideo quietus. Robertus Bertram finem fecit per $\frac{1}{2}^m$ per
$\frac{1}{2}^m$ plegium Henrici de Berkeleia.

289. Pollardus forestarius inventus fuit occisus in Sabrina et Ernaldus de Esselewurthe[2] et Johanna uxor ejus,
Robertus Griffin, Aldredus Witsure[3], et Nigellus le Batur
et Walterus de la Grave[3] retati fuerunt de morte illa; et
Ernaldus, Aldredus, et Walterus mortui sunt; et Johanna
et Robertus et Nigellus veniunt et defendunt totum et
ponunt se super patriam et de bono et de malo. [4] Juratores dicunt super sacramentum suum quod predictus[5]
Pollardus rettatus fuit de predicta Johanna uxore predicti
Arnardi ita quod per perquisitum ejusdem Arnaldi occisus
fuit; unde dicunt super sacramentum suum quod idem
Arnaldus et Alexander Hiberniensis qui fugit pro morte
illa, sunt culpabiles de morte predicta et non alii attachiati.
Dicunt eciam quod magis displicuit ipsi Johanne mors illa
quam ei placeret. Predicta Johanna custodiatur; et Robertus et Nigellus eant inde quieti; Alexander non habuit
catalla et fuit itinerans et quia malecreditur de morte illa

1^m ideo exigatur. [6] Johanna finem fecit per 1^m per plegium
[custod]   Ernaldi de Esselewurthe et Nicholai de Cudibroc[6]. Catalla
exig   predicti Ernaldi fuerunt 6 boves, 2 vacce, 1 runcinus[7] et
fenum ad valenciam 1^m; Ricardus de Mucegros habuit

---

[1] *Buull* A, *Buell* B.
[2] Struck out in A, and *obiit* written above.
[3] Struck out both in A and B, *obiit* written above.
[4] What follows is in A postscript by another hand.
[5] The text in A is or has been *predictus Ern. predictus Pollardus*, but seemingly *Ern.* is erased; B has *quod ipse Pollardus adamavit ipsam Johannam
uxorem predicti Ernaldi et inde rettatus fuit et per perquisitum ipsius
Ernaldi scilicet per quendam Alexandrum de Hybernia qui fugit postea occisus
fuit; et non intelligunt quod Nigellus et Robertus in aliquo sint culpabiles
inde. Dicunt etiam quod magis* ......
[6] Not in B.
[7] *Equus* B.

boves et vaccas pretii 50ˢ. Et forestarii habuerunt run- 50ˢ
cinum et fenum scilicet Willelmus Russellus qui tunc fuit
forestarius[1]; precium runcini 10ˢ. Idem[2] dicunt quod 10ˢ
Aldredus et Ernaldus et Walterus qui obierunt non fuerunt
culpabiles de morte illa et catalla Aldredi attachiata fue-
runt scilicet 6 boves, 2 vacce, et 1 jumentum precii $\frac{1}{2}^m$, $\frac{1}{2}^m$
quos Ricardus de Mucegros habuit; catalla illa exigantur
et reddantur heredibus Aldredi; nullum murdrum quia
ultra filum aque inventus fuit.

Willelmus Russel fuit serviens Hugonis de Nevill.

290[3]. Johannes Gigant et Thomas filius Roberti fabri
et Oxethrote fuerunt ad quandam cervisiam apud Essele-
wurth, et in redditu suo de cervisia illa fuit quedam femina
scilicet Basillia filia Godefridi occisa et Johannes Gigant
fugit pro morte illa.

291[4]. Willelmus de Wurtelege submersus fuit et villata
de Wurtelege cognovit quod sepultus fuit sine visu ser- m̄ia
vientis et coronatorum; et ideo in misericordia; nullus
malecreditur; Judicium,—infortunium.

292. Robertus Molendinarius de Wurtelege occisus fuit dō dat
a rota molendini; nullus malecreditur; Judicium,— infor- 12ᵈ
tunium; precium rote 12ᵈ; dantur Priori de Kingeswude m̄dr ⁵
pro Rege.

293. Malefactores occiderunt Adam Belke et Aliciam et
Cristianam de Nibbelege in domo ipsius Ade; nescitur qui
fuerunt; nullus malecreditur; Englescheria non est pre- m̄dr
sentata et ideo murdrum.

294. Reginaldus Capellanus occidit Martinum filium
Agnetis et captus fuit, et inprisonatus apud Berkelege
tempore Roberti de Berkelege et postea liberatus Radulfo
Musard, qui per preceptum legati Walonis illum liberavit

[1] *ex parte Hugonis de Nevilla* B inserts.
[2] B to the same effect, but in different phrase.
[3] In B this entry comes to a sudden end after the statement that these people were coming from an ale; space is then left.
[4] In 291–300 a few words are supplied from B.
[5] Sic B.

Episcopo Silvestro [1] et obiit in prisona sua. Englescheria Martini non est presentata et ideo murdrum; et Thomas de Berkelege quesitus quare idem capellanus tam diu detentus fuit in prisona de Berkelege dicit quod hoc fuit tempore fratris sui et de cetero hujusmodi prisones liberabit vicecomiti libenter.

295. Johannes de Cromhale submersus fuit in quodam stagno molendini de Huntencforde; nullus malecreditur; Judicium,—infortunium; et Hugo de Vivunia cepit de villata de Huntencforde 11^m quia non levavit clamorem et tenuit placitum illud et ideo respondeat domino Regi de denariis illis.

marit
296. Lucia de Berkelege maritanda est et de donacione domini Regis et terra ejus per totum valet 100l.

297. Malefactores occiderunt Editham de Hulle in domo sua de nocte; nescitur qui fuerunt; nullus malecreditur. Englescheria falso presentata est et ideo murdrum, et Willelmus Dillinge [2] presentavit falso Englescheriam et ideo in misericordia.

298. Albricus Skireward cecidit de equo suo et obiit; nullus malecreditur; Judicium,—infortunium; precium equi 5^s unde vicecomes respondeat; dantur pro deo [3] cuidam pauperi cujus prius fuit [4].

299. Rogerus de Stanlege et Agnes et Rikill inventi fuerunt occisi in bosco de Hundinfelde nescitur quis eos occiderit. Englescheria non est presentata. Judicium,—tria murdra.

m̄dr

300. Clemens filius Reimeri de Hundifelde inventus fuit occisus in campo de Horslege et Walterus filius Rogeri de Horslege malecreditus de morte illa fugit et fuit in franco plegio villate de Horslege de Hundredo de Langetre et ideo villata in misericordia Englescheria non est presentata et ideo murdrum.

m̄ia

m̄dr

[1] *Siluro* A, *Sarr* B.
[2] Struck out in A, and *nichil* written above.
[3] *dentur deo pro Rege* B. [4] *cujus equus ille fuit* B.

[Memb. 16.]

Adhuc de Hundredo de Berkelege.

301. Quidam homo, [1]scilicet David de Westbiria[1], infirgiatus[2] qui captus fuit pro quodam rapo et pro aliis nequitiis evasit de prisona Episcopi Wigornie et fugit in ecclesiam de Almodebiria; et inde evasit; et Hundredum de Hanbiria secutus fuit eum cum clamore usque ad villam illam; et villata hoc cognovit et quod nullam[3] custodiam fecerunt et ideo villa in misericordia, et David non malecreditur etc.   m̄ia

302. Willelmus Russus mercator inventus fuit occisus in bosco de Baldingepenne et Ricardus Walensis malecreditus de morte illa fugit; nullus alius malecreditur; Judicium,— interrogetur et utlagetur; nulla catalla habuit; Englescheria est presentata; Ricardus fuit de Wallia et itinerans.   exig

303. Thomas Bunting occidit Radulfum[4] Fabrum de Dereslege et fugit in ecclesiam et abjuravit regnum coram coronatoribus; et fuit in franco plegio villate de Wudemanccote; et ideo villata in misericordia; catalla ejus 18^d, unde viccomes respondeat; Englescheria non est presentata et ideo murdrum.   m̄ia abjur 18^d m̄dr

304. Malefactores venerunt ad domum Ricardi Pig et ipsum Ricardum occiderunt et nescitur qui fuerunt; nullus malecreditur; Englescheria est presentata; inventor venit et non malecreditur et ideo quietus.

305. Quidam ignotus inventus fuit occisus extra Beverstan; nescitur quis fuit vel quis eum occiderit; Englescheria non est presentata. Judicium,—murdrum.   m̄dr

306. Reginaldus Martel fuit ad domum Matillidis de Haselcote ad cervisiam et ibi orta fuit quedam discordia inter eum et Adam Wulger et Nicholaum Scot, et Adam filium Everardi, et Laurentium filium Henrici ita quod ipsi

---

[1–1] Interlined in A; in text of B.   [2] *infirgatus* B.   [3] *illam* B.
[4] Substituted in A for *Robertum*, which still stands in B.

quatuor vulneraverunt eundem Reginaldum per quod obiit in crastino, et fugerunt; et fuerunt manentes in villa de Baghepathe; et ideo villata in misericordia; et ipsi male-creduntur et ideo exigantur et utlagentur; nulla catalla habuerunt. Englescheria non est presentata, et ideo murdrum.

m̄ia
exig
m̄dr

307. Malefactores robaverunt domum cujusdam leprosi de Dereslege et Darsteire homo Henrici de Berkelege malecreditus de facto illo, captus fuit et inprisonatus apud Berkelege, et evasit de gaola et fugit in ecclesiam de Dereslege et cognovit[1] et abjuravit regnum etc.; nulla catalla habuit.

308. Leticia de Berkelege que est de dono domini Regis, maritata est Henrico de Crupes nescitur per quem. [2]Henricus finem fecit per centum sol. Isti sunt plegii Hugo Giffard de 20^s, Thomas de Baskervilla de 20^s, Robertus filius Walteri de 20^s, Barth. Labant de 20^s, Walterus filius Hugonis de 20^s[2].

[loq]
[trans]

cent sol

309. Adam prepositus de Wudemanecote appellavit Walterum le Nevu de facto[3] et Michaelem le Nevu et Willelmum Fabrum de plagis et pace domini Regis etc., et ipse venit et retraxit se et non vult sequi et ideo custodiatur. Finem fecit per 1^m per plegium Otonis filii Willelmi; et alii non malecreduntur et ideo quieti.

[custod]
1^m

310. Malefactores occiderunt Elvinam et Julianam de Wudeforde in domo ejusdem Alvine apud Wudeforde; nescitur qui fuerunt; nullus malecreditur; Englescheria non est presentata et ideo murdrum.

duo m̄dr

311. Malefactores occiderunt Aluredum Pain et Bacilliam uxorem ejus et Matillidem et Aluvinam filias eorum; nescitur qui fuerunt et occisi fuerunt apud *Kamne*[4]; nullus malecreditur; Englescheria non est presentata et ideo 4 murdra et villata de Kamne concelavit mortem illam et

4 m̄dr

---

[1] *factum* B inserts.   [2-2] Postscript in A and B.
[3] *de facto* interlined in A; in text of B.
[4] Substituted for *Bredestane* in both A and B.

hoc cognovit et ideo in misericordia[1]; perdonatur pro [mīa] negligentia.

Ad judicium de juratoribus qui concelaverunt loquelam ad jūdm illam.

311 a. Villata de Berkelege nichil dicit quod superius non sit dictum.

Villata de Newenham.

312. Matillis Orte appellavit Johannem de Flexle et non est prosecuta; mortui sunt.

313. Margeria Grundelle appellavit Sweinum de Flexle de rapo et de roberia et Suanus fugit et fuit de manupastu mīa Abbatis de Floxle; et ideo Abbas in misericordia; et exig Suanus malecreditur; Judicium,—interrogetur et utlagetur; nulla catalla habuit.

314. Rogerus Saget appellavit Johannem Aichan de mīa morte patris sui et non est prosecutus et ideo in misericordia; plegii sui mortui sunt; Johannes venit et non malecreditur quia obiit infirmitate sua, et per odium appellatus est, et ideo quietus est.

315. Mattheus de Westbiria occidit Petrum Ruffum et fugit in ecclesiam de Westbiria; et fuit manens in Staunete- mīa weie; et ideo in misericordia; et evasit de ecclesia illa sub custodia Rogeri forestarii de bosco et Radulfi venatoris et mīa thethinge eorum; et ideo in misericordia; nullus alius [trans sup hundr] malecreditur; Judicium,—exigatur et utlagetur; nulla ca- exig talla habuit; nullum murdrum, quia ultra Sabrinam[2].

316. Rogerus Wulmangere captus fuit pro morte Roberti [trans] Mercatoris, et venit et defendit totum et paratus est defendere se per corpus suum, et non vult ponere se super visnetum.

Juratores villate de Newenham dicunt quod revera idem Robertus occisus fuit set non viderunt eum intrare domum Rogeri nec exire; set quia eundem Rogerum habuerunt suspectum de morte illa, ceperunt eum et in prisona sua

---

[1] *mīa* struck out in A, but not in B, which has no pardon.
[2] *quia est ultra filum aque Subrine* B.

eum tenuerunt per preceptum vicecomitis, ita quod fregit
prisonam suam et fugit in ecclesiam de Hope in comitatu
Herefordie ; et ipsi cum clamore et uthesio secuti fuerunt
eum usque ad ecclesiam illam et deinde ad peticionem
eorum exivit et reductus fuit ad prisonam ; et juratores de
Westbiria hoc idem dicunt, et quod fregerat firgias suas ; et
ballivus domini Regis de Hundredo hoc idem testatur ; et
dicit quod interfuit clamori et uthesio ; et omnes malecredunt eum. [1]Et quia ipse fugit in ecclesiam fracta prisona
sua et de ecclesia voluit exire in convencione omnes habent
eum suspectum et ideo consideratum est quod suspendatur ;

suspenda- non habuit catalla[1].
tur

Hundredum de Westbiria.

317. In Hundredo isto nullum est murdrum quia est
ultra Sabrinam.

318. Duo homines de Munstrewurthe submersi fuerunt
de quodam batello ; nullus malecreditur ; Judicium,—in-

dō dand fortunium ; precium batelli 8^d unde vicecomes respondeat.
8^d
319. Item tres homines Willelmi de Dun submersi sunt
dō dand de quodam batello ; nullus malecreditur ; Judicium,—infor-
12^d tunium ; precium batelli 12^d unde vicecomes respondeat.

320. [B] Willelmus le Dunie appellavit Walterum filium
Johannis de pace domini Regis et plagis et venit et retraxit
se et posuit se in misericordiam et ideo custodiatur, et
plegii sui de prosequendo in misericordia, scilicet, Rogerus
de Kinemeresbiria et Matheus de Kinemeresbiria. Et juratores dicunt quod credunt quod Walterus culpabilis est et
quod pacem fecerunt ad invicem. Post venit et finem fecit

1^m per 1^m per plegium Ricardi Berde, Mascy de Bolleghe et
Eborardi de Dunye. Et Walterus filius Johannis finem fecit
$\frac{1}{2}^m$ per $\frac{1}{2}^m$ per plegium

321. [B] Sex homines de Elneovere submersi fuerunt de

[1-1] In A this is postscript by another hand; B instead has only jud͞m
suspend. The whole case is postscript in B.

quodam batello; nullus malecreditur; Judicium,—infortu- dō dand
nium, precium batelli   sup.
  Dunstan
322. [B] Quidam Elyas filius *Ingerith* cecidit de quodam
equo in Sabrinam ita quod submersus fuit: nullus male- dō dand
creditur; Judicium,—infortunium; precium equi ½^m unde ½^m
vicecomes respondeat.

323. [B] Malefactores venerunt ad domum Willelmi filii
Gladewini et occiderunt uxorem ejus; nescitur qui fuerunt;
nullus malecreditur. Willelmus vulneratus fuit et robatus
et venit et non malecreditur; nullum murdrum quia ultra
Sabrinam est.

324. [B] Ricardus filius Milonis occidit Adam de Parva
Dene et fugit et fuit cum Abbate de Flexlegh ut con- loq
ductus de die in diem et ideo inde loquendum; nullus
alius malecreditur; Judicium,—interrogetur et utlagetur: exig
nulla catalla habuit; nullum murdrum quia ultra Sabrinam est.

325. Willelmus filius Salwini occidit Rogerum filium
Thurstani et captus fuit et inprisonatus apud Gloucestriam
et nescitur quomodo deliberatus fuit, nisi per Ingelardum
ut credunt; catalla ejus 2^s unde Henricus Drocis debet 2^s
respondere.

326. Malefactores venerunt ad domum Willelmi de
Hulle de Elnitone et occiderunt ipsum Willelmum et
asportaverunt catalla ejus; Reginaldus Cocus et Gaufridus Bochan attachiati pro eadem morte venerunt coram
justiciariis et defendunt totum et ponunt se in 12
jur̄ et villatarum [1] de bono et malo. Qui omnes veniunt et
dicunt quod non malecredunt eos nec *aliquem certum*
hominem [2] et ideo ipsi eant inde quieti.

327. Baldwinus de Blechesdune occidit Johannem Hurt;
et captus fuit et inprisonatus apud Gloucestriam tempore
Ingelardi qui eum deliberavit set nesciunt quomodo;

---

[1] *ponunt se super veredictum* 12 jur̄ *et villatarum* B.
[2] *nec aliquem certe* B.

catalla ejus 4ˢ unde vicecomes debet respondere; nullus alius malecreditur.

328. Tres homines venerunt de nocte ad domum Wulfiet de Bullee et eum ligaverunt et asportaverunt catalla sua. Nescitur qui ipsi fuerunt set predictus Wulfiet rettavit Willelmum Scutard de facto illo et ipse fugit; et Walterus Palefre de cujus manupastu ipse fuit, attachiatus fuit veniendi coram justiciariis et venit set non malecreditur per 12 juratores nisi tantum de manupastu ¹ neque idem Wulfiet malecredit eum¹; et ipse Walterus venit et defendit quod non fuit de manupastu ejus et 12 juratores et villata testantur in contrarium et ideo custodiatur; et Willelmus Scutard exigatur. ² Et sciendum quod villata de Bullee ubi factum istud factum fuit est in misericordia quia ipsi primo dixerunt quod non cognoverunt eum et postea cognoverunt quod fuit de manupastu predicti Walteri². Willelmus Scutard non habet catalla. ³ Postea venit Walterus Palefrei et finem fecit per 10ˢ per plegium Thome de Huntelege³.

329. [B] Robertus Molendinarius occidit Robertum servientem Henrici de Minerus in molendino ejusdem Henrici et fugit pro morte illa sicut testatum est per rotulos coronatorum et Emma amica ejusdem Roberti Molendinarii fugit in ecclesiam et abjuravit terram coram Gione de Chaunceaus; et 12 juratores testantur quod quidam Henricus cujus agnomen ignorant fuit tunc in molendino illo et quidam garcio molendinarii similiter qui obiit. Et quedam Raghenilla fuit tunc similiter in molendino illo et venit coram justiciariis et non malecreditur et ideo inde quieta. Et Henricus fugit et fuit itinerans et ideo malecreditur de morte illa et predictus Robertus similiter et ideo interrogentur et utlagentur; et predictus Robertus fuit in franco plegio de Lega et non habuerunt eum et ideo in misericordia et non habuit catalla ⁴.

¹⁻¹ Interlined in A, and the last two words are interlined in B.
²⁻² Not in B. ³⁻³ Postscript both in A and B.
⁴ The report in A agrees substantially but not perfectly.

330. [B]¹ Henricus serviens Petronille de Stanweye inventus fuit in Sabrina occisus quodam cnipulo et Johannes Molendinarius captus fuit eo quod ipse quando idem Henricus ultimo visus fuit, fuit cum ipso Henrico ad burricas domine sue et ipse rediit et idem Henricus non. Et predictus Johannes venit et defendit totum et preterea societatem ejusdem Henrici et quod nunquam eum cognovit set non vult ponere se super juratam² set offert defendere se per corpus suum si quis versus eum loqui voluerit. Et 12 juratores dicunt super sacramentum suum quod quia ipse defendit societatem ejusdem Henrici et quod non cognovit eum et hoc sciunt esse falsum, et preterea idem Henricus exivit cum eo et non rediit³ et quia ipse non audit inde ponere se super juratam³, intelligunt ipsum esse culpabilem. Idem dicunt villate de Newham et de Menstrewrde et de Elnitone. Post venit predicta Petronilla⁴ et offert domino Regi 40^s pro sic quod Johannes possit 40^s abjurare regnum per plegium Willelmi de Abenhale, Ricardi de Westbiria, Henrici de Minsterwrde. Catalla ipsius Johannis 4^s unde vicecomes respondeat. Et abju- 4^s ravit regnum et elegit portum de Doberna et habet ⁵dies a die Lune proxima ante festum Sce. Margarete in⁵ unum abjur mensem. ⁶ Robertus Molendinarius qui fugit pro eodem facto non malecreditur, et dat ½^m ut possit esse sub plegio ½^m standi recto per plegium Willelmi de Heliun⁶.

[Memb. 10 dors.]

331. Gelewisia uxor Willelmi filii Siwardi inventa fuit occisa in domo sua apud Westbiriam; vir suus invenit eam primo sicut rediit de quodam Halimoto, ⁷et hoc factum fuit hora meridiei⁷; et juratores non habent ipsum Willel-

---

¹ The order of the cases in B is 329, 331, 335, 336, 337, 330, 338, 332, 333, 334, 339. Observe the concealment of eleven pleas (338); probably this is the cause of the difference between A and B.

² *jur.*
⁴ *cujus homo ipse fuit* A.
⁶⁻⁶ From A; not in B.

³⁻³ Not in A.
⁵⁻⁵ Not in A.
⁷⁻⁷ Not in B.

mum virum suum suspectum de morte illa nec aliquem alium nisi malefactores; et ideo Willelmus eat inde sine die.

332. Burgatores occiderunt Robertum Clour et Alditham uxorem ejus et Gunullam matrem suam et Hobbe filium suum, et Adam filius Hugonis[1] et Matillis prius eos invenerunt, et mortui sui[2] sunt; nullus malecreditur; Judicium,—infortunium.

333. Item burgatores occiderunt Edwinum de Elnetone et 4 feminas, et 1 hominem extraneum; nescitur qui fuerunt et villata de Elnetone concelavit mortem illam et ideo in misericordia.

mīa

334. Willelmus filius Roberti del Mareis occidit Robertum filium Fordrici et fugit et fuit manens in villa de Hope Monemue extra francum plegium et ideo in misericordia; Willelmus post occisionem mortuus est; [3] et ideo villa quieta [3].

[mia]

335. Willelmus Norrensis occidit Henricum de Lega et fugit; et nullus alius malecreditur de morte illa ideo exigatur; et fuit manens in villa de Stahteweic extra francum plegium; ideo in misericordia; et non habuit catalla [4].

exig
mīa

336. Malefactores venerunt de nocte ad domum Basilie uxoris Roberti[5] Fabri et ligaverunt eum et asportaverunt catalla sua, et idem Robertus vir suus tunc fuit apud Wigorniam; et Robertus filius Fordrichi primus qui venit ad clamorem, ibi occisus fuit a malefactoribus; et nescitur qui fuerunt illi malefactores; et quidem Reginaldus Sorie [6]filius vicini ejusdem Roberti Fabri[6] qui similiter venit ad clamorem ibi vulneratus fuit et attachiatus fuit veniendi coram justiciariis, et non venit, et ideo villata de Hope que eum replegiavit in misericordia; et Reginaldus non male-

mīa

---

[1] *Hugonis* struck out in A.   [2] Sic A.
[3-3] Not in B.
[4] *Non est ibi murdrum quia ultra Sabrinam* B adds.
[5] *Roberti* interlined in A and B.
[6-6] Interlined in A; similar phrase in text of B.

creditur de morte illa, nec aliquis alius ¹ neque Robertus Faber neque alius et ideo inde quietus ¹.

337. Homines de manerio domini Regis de Radlee et de Addesete queruntur quod monachi de Flexelee opturaverunt viam suam quam ipsi habebant et habere assueverunt ² usque ad moram que vocatur Walemore et viam illam tresturnaverunt usque ad alium locum qui non est conpetens, occasione cujusdam partis illius more quam dominus Rex eis dedit. Et monachi defendunt quod ipsi auctoritate sua nullam viam tresturnaverunt. Set quando placuit domino Regi Johanni sua gratia quod ipse dedit eis illam partem [trans] illius more receperunt; dominus Hugo de Nevilla et Philippus de Bantone constabularius suus eis liberavit illam moram per bundas et per metas ita quod nullam purpresturam fecerunt aliam quam ipsi eis liberaverunt neque in chemino neque alibi et inde vocant ipsum Hugonem et Philippum ³, ita quod idem Hugo assignavit ipsis hominibus aliam viam ad moram illam ita quod ipsi tenuerunt se inde pacatos. Et preterea proferunt cartam Regis Henrici avi ne de aliquo dono eis facto placitent nisi coram eo vel coram capitali justiciario suo.

338. Ad judicium de juratoribus qui concelaverunt 11 ad judm loquelas.

339. Willelmus Brain occidit Adam filium Ricardi et fugit et nullus alius malecreditur ideo exigatur; non habuit catalla et non fuit in franco plegio set fuit manens in villa de Staure et non habuit eum ideo in misericordia. m̄ia

340. Malefactores venerunt ad domum Rogeri Pegein et ligaverunt eum et combusserunt uxorem suam; set ipsa postea vixit per 8 dies; et Rogerus non venit etc. et non malecreditur per 12 juratores et ideo sit inde quietus, set est in misericordia quia non venit; et similiter plegii ejus standi recto scilicet Walterus Venator et Ricardus Cas. ⁴ Nichil habent ⁴. [m̄ie]

¹⁻¹ Only in A.   ² *solebant* B.   ³ *ad warrantum* interlined in B.
⁴⁻⁴ Not in B, and in B the marginal *mia* is not struck out.

341. Matillis de Haia appellavit Johannem filium Edrici de rapo et non est prosecuta ideo capiatur; et non habuit plegios de prosequendo; et juratores dicunt quod Johannes fugit statim fugit[1] post factum et malecreditur [2]*set quia non est secuta nichil*[2]; non habuit catalla; et Johannes attachiatus fuit per Robertum Tethingman de Bullee et totam tethingam suam et non habuerunt eum ideo in

m̄īe misericordia.

342. Ernulfus le Paumer de Niweham captus fuit et positus in prisona apud Gloucestriam pro retonsione denariorum et cum eo inventum fuit pondus 4 libr. de veteribus denariis et Giun de Ciguni tunc constabularius habuit denarios illos; set nescitur quomodo deliberatus fuit; et

m̄īa juratores de Niweham concelaverunt loquelam istam; et
ex̄īg ideo in misericordia et Ernulfus exigatur.

343. Helena uxor Walteri Benegar appellavit Willelmum Benegar et Rogerum et Ricardum filios suos de morte viri sui et Willelmus mortuus est et Rogerus non venit et attachiatus fuit per totam tethingam de Alintone; et ideo in misericordia; et Ricardus venit, et Helena non

cap venit etc. et ideo capiatur; et Ricardus ponit se in vere-
m̄īa dicto 12; qui dicunt super sacramentum suum quod nec ipse nec frater ejus sunt inde culpabiles quia idem Walterus obiit de recta morte sua et non de aliqua plaga.

Hundredum de Biselee.

344. [B] Malefactores venerunt noctu ad domum Gaufridi filii Godwyni de Wika et occiderunt ipsum Gaufridum et Matillidem uxorem suam et Editham matrem ipsius Gaufridi et duos filios et unam filiam ipsius Gaufridi; nescitur qui fuerunt ipsi malefactores. Englescheria non

5 m̄dr est presentata et ideo 5 murdra.

345. [B] Malefactores venerunt ad domum Ricardi filii Nicholai et occiderunt ipsum Nicholaum et uxorem suam

---

[1] Sic A.

[2-2] In A words which look like these have been substituted for *et ideo exigatur*; no such change in B, which still outlaws John.

et filium ejus scilicet quotquot fuerunt in domo illa. Nullus malecreditur; Englescheria non fuit presentata et ideo tria murdra.   3 m̄dr

346. [B] Burgatores venerunt ad domum Ricardi Rugge de Wika et ipsum et uxorem suam et totam familiam suam ligaverunt. Et nullus venit preter ipsum Ricardum quia nullus attachiatus fuit. Nullus inde malecreditur et ideo nichil.

347. [B] Quedam mesleta orta fuit ad quandam cervisiam Willelmi Franckelain inter Elyam Parmentarium, Willelmum Molendinarium, Petrum Textorem, Ricardum de Sapertone. Et Willelmus Molendinarius occidit ipsum Petrum Textorem et fugit, et Elyas et Ricardus fugerunt utl similiter, et ipsi malecreduntur de morte illa, ideo exigantur; et Willelmus Molendinarius fuit manens in villa de Pendebiria et Elias Parmentarius in villa de Cyrencestria et Ricardus de Sapertone fuit de manupastu Radulfi de Sapertone patris sui et ideo in misericordia; et 3ˢ nullus eorum habuit catalla preter Ricardum cujus catalla fuerunt 3ˢ unde Henricus de Droys respondeat. Et villata m̄ia de Sapertone hoc concelavit et ideo in misericordia; Englescheria non est presentata et ideo murdrum; et juratores concelaverunt similiter illa catalla et ideo in m̄dr misericordia et vicecomes respondeat de 2ˢ de catallis ejusdem Ricardi.

348. [B] Ricardus de Truham appellavit Henricum filium Ricardi de la Strode, Henricum prepositum de Bisleghe, Paganum de Risenden, Gaufridum Aubyn et Aluredum fratrem ejus de pace domini Regis infracta etc., et Ricardus venit et retraxit se et non vult sequi et ideo custodiatur et alii non sunt culpabiles et ideo alii inde custod quieti[1].

349. [B] Duo homines ignoti hospitati fuerunt in grangia Gerardi de Esse et unus eorum occidit alium et fugit; nescitur qui fuerunt; nullus alius malecreditur; Engle-

[1] A adds *finem fecit*.

mrd   scheria non est presentata et ideo murdrum; inventor venit et non malecreditur et ideo quietus.

351. [B] Hugo de Culne inventus fuit occisus in quadam wasta domo in Grenhamstede et Walterus le Norreis fugit pro morte illa et malecreditur et non fuit in franco plegio quia itinerans; nullus alius malecreditur; Judicium,—interrogetur et utlagetur; nulla catalla habuit; Englescheria

mdr   non est presentata et ideo murdrum.

351. [B] Walterus Molendinarius de Bisleghe occidit Johannem de Fremtone et fugit; et fuit in franco plegio villate de Framtone et ideo in misericordia; nullus alius

utl   malecreditur; Judicium,—interrogetur et utlagetur; nulla

mia   catalla habuit; Englescheria non presentatur et ideo murdrum[1].

352. [B] Burgatores occiderunt Hugonem filium Raghenilli in domo ejusdem Raghenilli; nullus malecreditur; Judicium,—infortunium[2]. Englescheria non presentatur et

mdr   ideo murdrum.

353. [B] Gaufridus filius Avici occisus fuit in bosco de Bisleghe et Walterus de Heidene malecreditur de morte

utl   illa et fugit et ideo interrogetur et utlagetur; nulla catalla

mdr   habuit; Englescheria non est presentata et ideo murdrum.

354. [B] Thomas Nohl rettatus de latrocinio et de nequiciis fugit et malecreditus est et fuit in franco plegio

mia   villate de Wishangre Hospitalariorum; et ideo in miseri-

utl   cordia; et Thomas interrogetur et utlagetur.

355. [B] Quidem puer percussus fuit a quodam equo ita quod obiit; nullus malecreditur; Judicium,—infortunium; equus fuit cujusdam capellani.

[Memb. 17.]

Hundredum de Blideslauwe[3].

356. Nicholaus Pepin occidit Johannem hominem Henrici de Stantone et fugit.

---

[1] A has here a mutilated entry, it is the same case as 259.   [2] Sic A B (!)
[3] See below 388. This heading and the two entries are not in B.

357. Loquendum de juratoribus qui nesciverunt aliquid respondere de Hundredo suo et veredictum suum ei committitur ut sibi provideant.

Hundredum de Boiclawe.

358. Malefactores venerunt de nocte ad domum Godefridi de Rudeforde et robaverunt domum et ligaverunt ipsum; nullus malecreditur; Judicium,—infortunium.

359. Willelmus Mercere et Editha de Rutforde attachiati fuerunt veniendi coram justiciariis; et ipsi venerunt et Willelmus est infra etatem; et juratores dicunt quod nullum thesaurum ibi invenerunt et vicecomes similiter nisi sex denarios et obolum; et illos dederunt justiciarii ipsis Willelmo et Edithe quia pauperum fuerunt[1].

360. Quidam homo ignotus inventus fuit occisus in via inter Ledene et Pantelege, et nescitur quis ipse fuit, et hundredum est ultra Sabrinam et ideo nullum murdrum.

361. Osbertus Cancellarius vulneratus fuit in villa de Newent et postea rediit ad domum suam propriam et ibi moriebatur[2]; et Ricardus le Bedel fugit pro morte illa, et prior de Newent attachiatus fuit pro eodem; et 12 juratores dicunt quod idem prior est inde culpabilis et ideo loquendum de eo; et Ricardus non malecreditur de lo morte illa; et ideo perceptum est vicecomiti quod si ipse redierit, capiat de eo plegios, sin autem exigatur. [3]Comes Marescallus cepit in manum habendi eum [3].

362. Juratores dicunt quod ante iter justiciariorum scilicet Simonis de Pateshulla[4] et sociorum suorum justiciariorum ultimo itinerantium, invente fuerunt due femine occise et coram ipsis justiciariis tractata fuit loquela; et Thomas Roscelin tunc rettatus fuit de morte predictarum et tunc fugit, ita quod coram eisdem justiciariis preceptum fuit vicecomiti quod ipse exigeretur; postea autem per[5] duos

---

[1] *quia pauperes sunt* B.   [2] *morabatur* B.
[3-3] Not in B.   [4] *Pat* A, *Patereshull* B.
[5] Sic A B.

annos rediit ipse, et accessit ad dominum Regem Johannem ita quod dominus Rex misericordia motus tradidit illum Ingelardo tunc vicecomiti et concessit ei pacem suam, et precepit quod hoc faceret clamari in comitatu suo, eo quod testatum fuit coram domino Rege quod predicte due femine latronisse fuerunt, et ipse supervenit ubi ipse voluerunt burgare quandam domum. Set quum juratores incerti sunt si ipse habuit literas domini Regis de hoc vel non[1], nec eciam scitur si Ingelardus hoc fecit auctoritate sua propria vel per preceptum domini Regis[1], preceptum est quod ipse capiatur et catalla ejus seisiantur etc. Post venit idem Thomas languidus et in litera[2] et dat $\frac{1}{2}^m$ pro habenda inde inquisicione. Et comitatus recordatur quod dominus Rex perdonavit ei mortem, et quod hoc fecit se defendendo; et ideo eat inde quietus; plegius de $\frac{1}{2}^m$ Willelmus filius Hamonis[3].

$\frac{1}{2}^m$
[cap]
[catalla seisiantur]
[trans]

363. Johannes Beusire occidit Adam Benerelle et fugit, et nullus alius malecreditur ideo exigatur; et fuit manens in comitatu Herefordie set nesciunt in qua villa nec sciunt si habuit catalla, et ideo inquiratur apud Herefordiam de catallis et de mansione sua.

exigatur
Hereford

364. Hugo de Bromtone occidit Adam Ried et fugit, et fuit manens in villa de Killicote ubi nullum francum plegium est; et ideo villata in misericordia; et Hugo predictus malecreditur de morte illa ideo exigatur; et Gunilda Petit et Willelmus Red capti fuerunt et inprisonati apud Gloucestriam pro morte illa et Willelmus venit et dicit quod ipse deliberatus fuit a prisona per 20^s quos ipse dedit Ingelardo; et ideo Ingelardus inde respondeat; et Willelmus defendit mortem et totum etc. et ponit se in veredicto 12 juratorum de bono et de malo; et 12 juratores dicunt quod ipse non est inde culpabilis set revera idem Adam[4] et Gunilda sunt inde culpabiles et ideo

---

[1–1] Not in B.   [2] *lectura* B.
[3] Against earlier part of this case B has in margin *loquendum de Thoma qui receptatus est in Abbatia Gloucestrie*.
[4] Sic in A and B, but probably it should be *Hugo*.

exigantur; et Hugo fuit de manupastu Petri de Killicote; ideo in misericordia; non habuit catalla.

365. Henricus Ulfing occidit Henricum Embleboel, et fugit, et nullus alius malecreditur; ideo exigatur; non habuit catalla, immo fuit Walensis. [exigatur]

366. Malefactores venerunt ad domum Willelmi Prut et occiderunt ipsum et Editham uxorem suam et duos filios suos; nescitur qui ipsi fuerunt; et Amicia filia Nicholai filii presbiteri de Oxenhale invenit eos primo et attachiata fuit per ipsum Nicholaum et non habuit eam ideo in misericordia; pauper est.

367. Quidam garcio [1]Nicholaus homo Nicholai[1] inventus fuit in chemino de Folemore, et nescitur quis ipse fuit, nec quis eum occidit; et Petrus de la Pitte attachiatus fuit quia non venit ad clamorem; et venit et non malecreditur, ideo eat inde quietus.

368. Malefactores venerunt apud Kerswelle ad domum Henrici filii Inette et occiderunt ipsum et Sidoniam uxorem suam, et statim fugerunt, et testatum est quod quidam eorum suspensi sunt; et Nicholaus frater predicti Henrici appellavit Robertum Coppe et Henricum et Walterum Coppe de morte predicta; et ipse Henricus suspensus fuit, et Robertus fugit et Walterus similiter, set tunc Walterus attachiatus fuit per Rogerum de Henha Tethingman de Heia et Henricum de Cunintone et Robertum de Cunintone Nicholaum de Kerswelle et Henricum Cat et toti Tethinge sue[2] ideo in misericordia; et Walterus m̄ī̄e et Robertus malecreduntur de morte illa ideo exigantur. [exigantur]

369. Malefactores venerunt ad domum Wuluridi Moggel de nocte, et occiderunt eum: solus fuit in hospitio illo, et nescitur qui fuerunt illi malefactores, et ideo nichil.

370. Hugo Faber et Mabilia uxor ejus et quedam pauper muliercula et tres parvuli pueri occisi fuerunt de nocte in

[1–1] Interlined in A; *Nicholaus nomine* interlined in B.
[2] Sic A; *totam tethingham suam* B.

domo ejusdem Hugonis et nescitur qui fuerunt illi malefactores; et inventor mortuus est et ideo nichil.

371. Swein Manhaggere occidit Thomam Baterich in reditu suo de quadam Taberna et fugit; nullus alius malecreditur et ideo exigatur; catalla ejus 10^d unde vicecomes debet respondere; et fuit manens in villa de Kenepelege extra francum plegium; ideo in misericordia.

<small>exig
10^d
m̄ia</small>

372. Radulfus de Chelesewede occidit Beatriciam matrem suam de nocte in domo sua et vulneravit Matillidem sororem[1] suam, et fugit; postea vero captus fuit et inprisonatus apud Gloucestriam, et deliberatus per legatum Gwalonem et abjuravit terram non habuit catalla.

373. [B] Walterus de Bremesberghe occidit Willelmum filium Ricardi de la Stane et fugit; nullus alius malecreditur et ideo exigatur; et fuit manens in villa de Bremenesleghe extra francum plegium, et ideo villata in misericordia; non habuit catalla etc. et ideo nichil[2].

<small>exig

m̄ia</small>

374. [B] Gaufridus Pudding ocisus fuit apud Gostelegbe in villa de Panteleghe et Johannes Bont rettatus fuit de morte illa et inprisonatus apud Gloucestriam et in prisona ipsa obiit et Willelmus Norensis similiter captus fuit pro eadem morte in tempore Engelardi et deliberatus per Henricum de Ver et socios suos assignatos ad deliberandum gaolas ita quod ipse abjuravit terram; et quedam Alicia le Notte similiter rettata fuit de morte illa et fugit et malecreditur et ideo interrogetur et wayvetur; inventor obiit; nullus eorum habuit catalla.

<small>waiv
abjur</small>

375. [B] Willelmus od le Espeye inventus fuit occisus; set nescitur quis eum occidit et solus fuit et inventor obiit et ideo nichil quia nullus malecreditur.

376. Willelmus Dodding occidit Willelmum Mariscallum[3] et fugit in ecclesiam et abjuravit terram eo quod cognovit mortem; non habuit catalla et fuit in decenna

---

[1] *uxorem* B.

[2] In both A and B words have been erased with a knife.

[3] *Rogeri de Mortuomar̄* B.

Rogeri Fabri Tethingman de Dimoc; ideo in misericordia. Et Ingelardus[1] cepit de villata 4^m pro fuga ipsius Willelmi 4^m in ecclesiam[2].

377. Quidam homo inventus fuit submersus nescitur qualiter nisi per infortunium; et Willelmus filius filius[3] Roberti invenit eum primo, et attachiatus fuit veniendi coram justiciariis et non venit, ideo plegii in misercordia m̄ia scilicet Rogerus Faber Tethingman de Dimoc et tota tethinga sua; et ideo in misericordia.

378. Drogo de Ochamtone occidit Gaufridum Molendinarium in reditu de quadam cervisia; et fugit; et malecreditur de morte illa ideo exigatur; et fuit in decena Hugonis le Chevaler de Ochamtone; ideo in misericordia; m̄ia et predictus Hugo Miles et Walterus de Ochamtone attachiati fuerunt eo quod ipsi exierunt cum ipso Gaufrido de cervisia et ipsi venerunt coram justiciariis et ponunt se in veredicto 12 juratorum de bono et malo. Juratores dicunt quod ipsi non sunt inde culpabiles et ideo ipsi eant inde quieti. Et Ingelardus cepit de ipsis Hugone et Waltero duas marcas de ipsis replegiandis et de residuo ejusdem 2^m ville 15^m. 15^m

379. Malefactores venerunt de nocte ad domum Faverelli de Dimmoc; et occiderunt eum; et Ricardus filius Estmeri rettatus fuit de morte predicta, et fugit, et malecreditur de morte illa; et ideo exigatur; et fuit in franco plegio de exig Dimmoc; ideo in misericordia; non habuit catalla; et m̄ia Lucia uxor ejusdem Faverelli que tunc fuit in domo attachiata fuit per Tethingam Rogeri Fabri de Dimmoc et non habuit eam; ideo in misericordia; et preceptum est eidem decene quod ipsi habeant eam cras[4]. Postea vero testatum fuit vicecomiti quod quando ipse fecit inquisicionem de morte predicta, non potuit aliquid inquirere quod ipsa esset culpabilis, set quesita quare non jacuit in lecto viri sui quando illi malefactores illuc venerunt,

---

[1] *tenuit placitum illud et* B.   [2] *unde resp̄ domino Regi* B.   [3] Sic A.
[4] B stops here; in A *cras* is struck out and a postscript added.

dixit quod jacuit in quadam alia camera cum puero suo egroto [*postea Lucia venit et dat* 2ᵐ] ut possit esse sub plegio.

380. [B] Willelmus King occidit Ricardum King et fugit; nullus alius malecreditur et ideo exigatur et fuit in franco plegio de Hochamtone et ideo in misericordia; catalla Willelmi fuerunt 15ˢ unde Ingelard de Ciguny respondeat.

exig
mia
15ˢ

381. [B] Robertus de Hatfeld obrutus in quadam marlera ita quod obiit; nullus malecreditur; Judicium,—infortunium; set quum sepultus fuit sine visu servientis et villata de Hochamtone hoc permisit villata ipsa de Hochamtone in misericordia.

382. [B] Quedam pauper muliercula inventa fuit in domo sua nescitur qui fuerunt occisores et ipsa sola fuit, ideo nichil, et juratores neminem inde malecredunt.

383. [B] Malefactores venerunt noctu ad domum Willelmi de Hulle et ipse Willelmus ea nocte evasit ipse et Matillis uxor ejus et levaverunt clamorem. Malefactores autem exterriti incenderunt domum et in ea combuste fuerunt mater ejusdem Willelmi et Alditha filia sua et Emma mater uxoris ipsius Willelmi et duo garciones. Et Robertus de Hattfeld qui postea obiit appellavit Ricardum de Fonte qui manet apud Hatthfeld in comitatu Herefordie. Et Robertus le Archier de comitatu Wigornie captus fuit et inprisonatus et purgavit se per judicium aque coram Henrico de Ver et sociis suis et postea invenit plegios quorum nomina habentur in rotulis coronatorum. Et Willelmus de Hulle mortuus est et ipsa Matillis languida est et attachiata fuit veniendi coram justiciariis per Rogerum de Langele de Bremlesbergwe et totam decennam suam et ideo in misericordia.

Loq apud Hereford de Ric de fonte quem Rob appellavit

384. [B] Rogerus de Pantelege attachiatus per vicecomitem fuit eo quod rettatus fuit de roberia et burgeria et ipse venit coram justiciariis et ponit se in veredictum 12 juratorum de bono et de malo. Et 12 juratores dicunt quod

ipsi [*non*] malecredunt cum de aliqua nequicia set per odium et athiam inpositum fuit ei et ideo eat inde quietus.

[Memb. 17 dors.]

Adhuc de Botelawe.

385. Juratores in misericordia pro concelamento 5 loquelarum.

386. Robertus Faber attachiatus fuit per Ingelardum de Ciguni venire coram justiciariis pro morte Walteri de Wirecestria in comitatu Herefordie; Walterus filius Ailmari et Tethinga sua fuerunt plegii ejus et non habuerunt eum ideo in misericordia; et testatum est quod idem Robertus obiit et ideo loquendum de misericordia. m̄ia

387. Willelmus filius Walteri de Trinlege rettatus de morte Hugonis Dobin captus fuit et commissus in custodia decenne de Newent, et ipse postea evasit de custodia eorum; ideo in misericordia. Inquiratur plenius in comi- m̄ia tatu Herefordie ubi illud fuit factum de morte predicti Hugonis.

Hundredum de Blideslauwe.

388. Quidam puer inventus fuit mortuus; et juratores dicunt quod quidam equus percussit eum ita quod obiit; et nullus alius malecreditur; precium equi 3^s; heres Walteri 3^s de Aura senioris respondeat de precio.

389. In villa de Aluintone Gilebertus Molendinarius occidit Ricardum Modi et fugit; et nullus alius malecreditur de morte illa ideo exigatur; et testatum est quod ipse est manens apud Coure in comitatu Herefordie; et ideo ibi loquendum; et ipse fuit manens in villa de Alwintone in molendino Prioris de Lantonia de manupastu suo; ideo prior in misericordia. m̄ia

390. Thomas Faber occidit Robertum Sebarn et statim fugit; nullus alius malecreditur; ideo exigatur; et fuit in franco plegio villate de Aluintone Prioris; ideo in miseri-

cordia; catalla ejus ½m, unde heres predicti Walteri de Aure debet respondere.

391. Andreas filius Isaac occidit Egwulf Unwrest et statim fugit; nullus alius malecreditur ideo exigatur; et fuit in franco plegio Walteri Kegwine et Tethinge sue apud Lidencie; non habuit catalla.

392. Gilebertus filius Godwini oppressus fuit quadam arbore quam cidit in foresta ita quod obiit; nullus malecreditur; set quia sepultus fuit sine visu servientis, vel viridarii, ideo villata de Lideneia in misericordia.

393. Grangia Isaac de Tokenhale combusta fuit [1]tempore guerre[1], et Hugo filius Gaufridi malecreditus de facto illo fugit; et ideo exigatur; non habuit catalla, et fuit itinerans.

394. Willelmus filius Matillidis captus fuit et inprisonatus apud Gloucestriam pro morte Willelmi Blundi quem ipse occidit, et Nicholaus de Ecclesia, Johannes filius Melisent, Walterus de Havena, Walterus Faber, et Ricardus de Herdeshille[2] et plures alii qui interfuerunt quando ipse occisus fuit cum eis, presentes fuerunt et testati sunt quod ipsi viderunt ubi ipse occidit eum et quod ipsi statim super factum ceperunt eum adhuc tenentem in manu sua baculum unde ipse eum occidit; et preterea 4 villate propinquiores hoc idem testantur [3]preterquam de visu[3]; et Dionisia uxor ipsius Willelmi Blundi appellat eum de morte predicta ut de visu suo et preterea 12 juratores dicunt quod ipse est inde culpabilis; et ipse defendit totum versus omnes. Set quia ipse captus fuit super factum tenens adhuc in manu sua baculum unde ipse occidit eum, et omnes dicunt una voce quod ipse est inde culpabilis, consideratum est quod ipse non potest defendere, et ideo suspendatur.

395. Hugo Roller percussit Marcum Aventure quodam cnipulo in reditu de quadam cervisia ita quod ipse obiit de

---

[1–1] Struck through in A; nowhere in B.
[2] More names in B.   [3–3] Interlined in A; nowhere in B.

plagis et Hugo fugit et nullus alius malecreditur ideo exigatur; non habuit catalla et fuit in franco plegio de Ettelauwe; ideo in misericordia.

396. Walterus de Blitheslauwe occidit Willelmum de Boxclive et fugit et malecreditur de morte illa et utlagatus est, et fuit clericus scolaris in nullo franco plegio; non habuit catalla. Et sciendum quod Adam frater ejusdem Walteri aliquando fugit pro morte illa, eo quod inpositum fuit ei quod ipse fuerat in domo ubi predictus Willelmus occisus fuit. Postea vero rediit ipse Adam et gratis optulit se prisone domini Regis ut ille qui paratus fuit stare recto; et perductus coram justiciariis defendit mortem et consensum et voluntatem et quicquid ad coronam domini Regis pertinet. Et Jacobus de Boxclive et Martinus de Dudmeritone appellaverunt predictum Adam et Walterum de morte predicta; et Jacobus per se venit et dicit quod revera ipse appellavit eundem Adam set dicit quod ipse eum appellavit per iram et odium, et nominatim per iram quam ipse habuit versus ipsum Walterum, et dicit quod tunc inquisivit quod ipse non est inde culpabilis, et ideo retraxit se; et ideo ipse et plegii sui de prosequendo sunt in misericordia, scilicet Willelmus de Boxclive et Willelmus m̄ia Kat, et ipse custodiatur. Et Henricus le Bigod et Henricus de Nesse qui similiter appellaverunt eosdem si de eodem Jacobo male contigerit non venerunt et ideo capiantur. [1] Postea venit Jacobus et finem fecit per 40^s de misericordia sua per plegios Radulfi de Wilitone et Pagani de Burchulle; et predictus Radulfus et Paganus et Ricardus de Lokintone, Radulfus de Chandos, Martinus de Boxclive, Willelmus Barat, Herebertus de Walswurthe, Johannes de Bissopesdone, Rogerus Forestarius, Walterus de Nesse, Walterus Bulecot, Walterus Cutelle sunt plegii ejus standi ad pacem domini Regis [1].

[2] Et Martinus per se qui eosdem appellavit defendit quod

[margin: exig] [margin: utlagatus] [margin: m̄ia] [margin: custod] [margin: cap] [margin: 40^s]

[1–1] Postscript in both rolls.
[2–2] In both rolls the whole of this is struck out for the reason given below.

nunquam appellavit nisi ipsum Walterum; et inde ponit se super coronatores; et inventum est in rotulis ipsorum coronatorum quod ipse appellavit utrumque eorum; et ideo ipse et plegii sui de prosequendo sunt in misericordia scilicet Robertus Manselle Robertus filius Gileberti de Aura; et Martinus custodiatur; et Hugo Chark qui similiter hoc optulit probare si de eo Martino male contigerit retraxit se et ideo custodiatur et plegii sui de prosequendo sunt in misericordia scilicet Alexander de Staura et Gaufridus de Liwinc[2].

Et sciendum quod juratores concelaverunt appella predicta et ideo sunt in misericordia. Et Adam defendit totum sicut superius et ponit se in veredicto 12, et dat 10^m pro habenda inde inquisicione; et juratores dicunt quod ipse non est inde culpabilis neque de consensu neque de voluntate et ideo eat inde quietus etc., plegius de 10^m Paganus de Burchulle.

Et sciendum quod comitatus recordatur quod per sectam predicti Martini utlagatus fuit idem Walterus racionabiliter et quia comitatus recordatur quod idem Martinus non appellavit nisi ipsum Walterum ideo est ipse Walterus et Hugo quieti et plegii eorum de prosequendo similiter.

397. [B] Quidam homo Urbanus de Wllanestone occisus fuit apud Wllanestone in libertate Comitis Mariscalli et Willelmus filius Wulveot et Walterus frater ejus fugerunt pro morte illa et catalla ejus seisita fuerunt in manum domini Regis scilicet £4 12^d unde Adam filius Nigelli debet respondere de 30^s et Simon de Matresdone de 31^s et Philippus de Bamptone qui fuit constabularius castri de S. Briavello de 20^s et super hoc venit idem Comes et petit catalla ipsa.

398. [B] Willelmus et Robertus filii Hugonis Osegot occiderunt Ricardum Rineray et fugerunt et malecreduntur de morte predicta ideo exigantur. Et fuerunt in thethinga de Blithelauwe; ideo in misericordia. Et quum idem

Ricardus sepultus fuit sine visu servientis ideo villata de mia
Blithelauwe in misericordia; nulla catalla habuerunt.

399. Inventum fuit in rotulis coronatorum quod Hugo sup Niwenham
clericus occidit Radulfum Aichan et juratores dicunt quod
hoc [*non fuit*] factum in hundredo suo immo in villa de
Niweham [1].

400. Robertus Longus de Langeant occidit Henricum
clericum et fugit, non potuit capi; catalla ejus appreciata
fuerunt ad 22^s 4^d [2] que Ingelardus tunc vicecomes reddidit lib Com
Johanni Lupo senescallo comitis Willelmi Mariscalli [2].

401. Hugo [3] Chark appellat Walterum Balle, Gilbertum
Hathewi, Paganum filium sacerdotis, quod nequiter etc.
verberaverunt eum et fregerunt dentes suos, et hoc offert
ut homo mahemiatus. Set quia alii non fuerunt attachiati
datus est ei dies ad sequendum appellum suum versus eos
die Jovis [4] proxima post festum S. Margarete apud Herefordiam [5].   Hrford

[Memb. 18.]

Hundredum de Dudestein.

402. Malefactores venerunt de nocte ad domum Edithe
vidue et occiderunt ipsam Editham et Johannem Parmentarium, Rogerum filium Edithe, Johannem filium Sewi et
duas feminas et nescitur qui fuerunt illi malefactores. Inventores venerunt et non malecreduntur ideo quieti; et
Ingelardus tunc vicecomes cepit propinquiores vicinos sci-

---

[1] *et ideo inde loquendum* B adds.

[2-2] *Johannes le Loow tunc ballivus com. marescalli illa catalla recepit per liberacionem Engelardi de Cygony* B.

[3] *Rogerus* B.   [4] *Lune* B.

[5] On this in B there at once follow the Dudston entries; but before these in A, at the end of memb. 17 dors., which is much damaged, there has been other matter, though perhaps but one entry. What now is legible is

      Witestan

dim. m. Adam le Clodier captus per indictamentum juratorum dat dim . . .
      per plegium Willelmi de Estone.

See below, 447 note.

licet Gilebertum de Cranan, Johannem filium presbiteri de Widecumbe, Willelmum le Cuper pro morte predicta et eos postea deliberavit aliqua redempcione; et non malecreduntur per 12 juratores; ideo eant inde quieti et Edmundus le Batur fugit pro morte illa et male-
exig creditur ideo exigatur; non habuit catalla; fuit de comitatu Wiltonie et non fuit in franco plegio quia fuit itinerans. Englescheria predictorum non fuit racionabi-
5 md¹a liter[1] presentata ideo murdrum.

403. Hugo filius Velatoris occidit amicam suam, nullus alius malecreditur captus fuit [2] et obiit in prisona[2].

404. Rogerus forestarius de Hathirlege occidit Nicholaum de la Grene et fugit; nullus alius malecreditur ideo exigatur; et Rogerus fuit de manupastu Henrici de Miners qui obiit. Catalla ejusdem Rogeri 1 archa et dim.
12ᵈ crannoc[3] bladi precii 12ᵈ unde heres Thome de Rocheforde quem Ricardus de la Bere habet in custodia[4]

Inventum est in rotulis coronatorum quod Robertus
exig Bubelepaste fugit pro morte illa et ideo exigatur set juratores nichil sciunt de eo nec eciam fugam ejus presenta-
m͞ie verunt et ideo juratores in misericordia pro concelamento; et villata de Hetherlee similiter in misericordia pro concelamento ejusdem loquele. Et Hugo frater ipsius Roberti attachiatus fuit per Johannem le Franceis et Willelmum de Gudrintone Ricardum Durel, Gerardum de Gudrintone, Samsonem le Bedelle et per totam tethingam suam de
cap Gudrintone et non venit et ideo ipse capiatur et predicti
m͞ie plegii in misericordia.

405. Adam Brito occidit Nicholaum de Hedesfeld et fugit et Willelmus frater ejusdem Nicholai fuit cum eis [5] et levavit clamorem[5] ita quod Adam captus fuit et inpri-

---

[1] *sufficienter* B.   [2-2] *ei inprisonatus apud Glouc̄. et ibi obiit* B.
[3] *crennock* B.
[4] *respondeat* or the like is wanted; in B *unde heres Thome de Rocheford respondeat. Et sciendum quod Ricardus de la Bere habet heredem ipsius Thome in custodia*.
[5-5] Not in B.

sonatus apud Gloucestriam tempore Giun de Ciguni[1]; et Simon de Matresdone coronator dicit quod Giun[2] deliberavit cum per sex marcas, et nesciunt ubi ipse devenit, ideo exigatur. Et Willelmus manet in comitatu Wigornie[3]. Englescheria non fuit presentata ideo murdrum.   murdrum

406. Rogerus de Meismore cecidit de quodam equo et submersit et equus similiter; Judicium,—infortunium.

407. Robertus Sprengehose cecidit de quodam equo et submersus fuit; precium equi 2^m unde Ingelardus debet 2^m respondere.

408. Johannes de Trinlee cecidit de ponte[4] nichil.

409. Osbertus filius Osberti cecidit de quodam equo et submersus fuit in Sabrina; precium equi nichil.

410. Rogerus et Hugo servientes de Lantonia occiderunt Willelmum Caretarium; et fugerunt; nullus alius malecreditur de morte predicta ideo exigantur; et Rogerus exig fuit in franco[5] plegio de Hetherlee Prioris ideo in miseri- m̄ia cordia; et Hugo fuit de comitatu Bedefordie[6].

411. Robertus filius Walteri Derc inventus fuit submersus in Sabrina sine vulnere et Helias de Farnlee attachiatus fuit pro quadam suspicione que habebatur versus eum de blado suo[7].

412. [8]Coronatores de Comitatu Gloucestrie Adam filius Nigelli Simon de Matresdona Henricus de Droiss Hugo de Cuillarvilla[8].

413. Stephanus Wetcheharm occidit Adam clericum et fugit in ecclesiam et abjuravit terram; non habuit catalla et fuit clericus et in nullo franco plegio.

---

[1] *tempore Gionis de Cancell* B.   [2] *Gio* B.
[3] *et ideo ibi loquendum in reditu justiciariorum* B.
[4] A repeats *de ponte.*
[5] *libero.*   [6] *non habuerunt catalla* B adds.
[7] See 436, same case; B adds 'et Elyas venit post et defendit totum et dat domino regi 1^m pro habenda inde inquisicione et juratores de isto hundredo et de hundredo de Wistan dicunt super sacramentum suum quod Elyas non est inde culpabilis et ideo Elyas inde quietus in perpetuum.'
[8—8] A very different hand makes this entry; it is not in B.

414. Rogerus le Frankelein occisus fuit in domo sua de nocte apud Waddone et domus ejus robata, et Gunilda uxor ejus male verberata; que presens fuit et dixit quod nescivit qui fuerunt illi malefactores quia de nocte fuit et ipsi ita eam verberaverunt quod nichil vidit; set dicit quod quoddam odium vetus fuit inter ipsum Rogerum et Henricum le Cupere pro averiis ejusdem Henrici que idem Rogerus[1] sepius imparcaverat et ideo credit quod per eum occisus fuit; et predictus Henricus captus fuit per indictamentum 12 juratorum de latrocinio et productus coram justiciariis defendit mortem et latrocinium et totum set non vult ponere se super veredictum juratorum[2]. Et coronatores et 12 juratores et 4 villate propinquiores omnes una voce dicunt quod ipse est culpabilis de morte predicta; dicunt eciam quod ipse est culpabilis de latrocinio equorum et aliarum rerum. [3] Post venit Henricus et finem fecit per 60s[4] pro esse sub plegio standi recto si quis versus eum loqui voluerit per plegium Willelmi de Ponte de Arche et preceptum est vicecomiti quod capiat plegios. Isti sunt plegii, Henricus Fot et Willelmus Bisshope, Gilibertus Shire, Ricardus filius Radulfi Hatholf de Waddone, Ricardus de Ponte, Alexander de Stanhus, Ricardus Seguin, Rogerus Hailhors, Walterus Bisshope, Walterus Novus homo, Alexander de Croibbas, Walterus Skiret, Stephanus prepositus, Ricardus Diguin[3].

415. Willelmus Muil cecidit subito mortuus sicut ipse fugavit carucam Ricardi Scug domini sui et Ricardus Witepirie qui tunc fuit cum eo et tenuit carucam, perterritus fugit; set non malecreditur per 12 juratores qui dicunt super sacramentum suum quod hoc fuit per infortunium et quod habuit guttam caducam; et ideo dictum est vicecomiti quod si Ricardus redierit permittat ei pacem habere; et sciendum quod Henricus le Drois coronator habuit 40^d de catallis ejusdem Ricardi; et denarii illi

---

[1] *Henricus* B. [2] *jur* A; in B merely *super veredictum*.
[3-3] In both rolls this is postscript. [4] 40s B.

dantur deo et fabrice de Lantonia tali condicione quod ipsi habeant eos si non redierit, et si redierit reddant illos eidem Ricardo.

416. Walterus Peverel verberavit Petrum de Ponte ita quod per ictus recepit mortem set tunc vixit per 21 septimanas; et Angelia uxor ejus dicit quod idem Walterus pro quadam ira que fuit inter eos pro quadam bidente quam idem Petrus imparcaverat que fuit ejusdem Walteri, idem Walterus percussit eum cum quadam barra quod cecidit set vixit per tantum tempus sicut predictum est. Et Walterus defendit totum et mortem et consensum etc. et ponit se super veredictum 12 juratorum. Juratores dicunt quod verum fuit quod ipse ita cum verberavit; set dicunt super sacramentum suum quod ipse convaluit de plagis eis factis ita quod fuit itinerans et sanus vixit per viginti et unam septimanas et dicunt quod ipse obiit recta infirmitate mortali et non per plagas. Et ideo consideratum est quod Walterus eat inde quietus.

417. Malefactores venerunt de nocte ad domum Rogeri Crikefeit et ligaverunt eum et filium suum et quandam filiam de septem annis occiderunt; nescitur qui fuerunt et Rogerus neminem malecredit set Englescheria ipsius pueri non fuit presentata ideo murdrum. *murd*

418. Quidam homo ignotus inventus fuit occisus nescitur quis fuit nec quis eum occidit ideo murdrum. *mdr*

419. Reginaldus Tod occidit Johannem Tot et captus fuit et inprisonatus apud Gloucestriam; et dicunt 12 juratores quod ipse culpabilis fuit de morte predicta et quesitus vicecomes ubi idem Reginaldus sit, dicit quod tempore guerre noluit Dominus W. Mariscallus permittere quod aliquis esset in castro[1] inprisonatus, et quia nemo locutus fuit versus eum de morte predicta replegiatus fuit idem Reginaldus et commissus Thethinge de Bernwude habendi eum coram justiciariis. Et non habuerunt eum ideo sunt in misericordia. Catalla ejus 15^s unde Tethinga debet 15^s

[1] B omits *in castro*.

respondere et quia ipse subtraxit se et noluit stare recto, ideo exigatur.

exig
mia

420. Walterus filius Sweini qui obiit et qui fuit caretarius Prioris de Lantonia duxit carettam prioris ita quod contra voluntatem ipsius Walteri caretta transivit

deo dentur quendam puerum pauperem et oppressit eum set tunc vixit per tres dies; Walterus captus fuit et mortuus est; Judicium,—infortunium ; precium equi et carette 10^s [1] quos prior habet et ei dantur [*in*] elemosinam [1].

421 [2]. Walterus Gille occidit Walterum de Abbelodde et fugit et nullus alius malecreditur ideo exigatur. Catalla ejus 12^d unde Henricus le Droeis debet respondere; et fuit in decena de Bertone Regis ; ideo in misericordia ; Englescheria non fuit presentata ; Judicium,— murdrum.

12^d
exig
mia

422. Walterus de Bares cecidit de quodam equo in Sabrinam per infortunium et submersus est; precium equi 5^s unde vicecomes debet respondere.

do dand
5^s

423. Walterus Sprot cecidit de quodam equo in Sabrinam et submersus fuit per infortunium; precium equi 3^s; dentur pro deo Edithe uxori ejusdem Walteri.

do dand
3^s

424. Rannulfus Gille occidit Ricardum diaconum et fugit et nullus alius malecreditur de morte illa ideo exigatur. Catalla ejusdem fugitivi nulla ; et fuit in franco plegio Walteri Girardi de Pechewurthe; ideo in misericordia ; Englescheria non *fuit* presentata ideo murdrum.

exig

mia

murd

425. Editha filia Reginaldi de Begewurthi appellavit Rogerum de Cenguis de rapo et non est prosecuta ideo capiatur.

426. Editha de Straffordia appellavit Johannem Ivore de rapo et non est prosecuta et Johannes attachiatus venit coram justiciariis et defendit totum [3] et 12 juratores dicunt [3] super sacramentum suum quod non intelligunt quod ipse sit inde culpabilis; et ideo ipse eat inde quietus.

[1–1] *unde prior respondeat* B.

[2] 421-424, marginal notes and a few words from B.

[3–3] *et ponit se super veredictum* 12 *et juratores dicunt* B.

427. Sabilla de la Grave est de donacione domini Regis et Gaufridus de Collare habet illam per dominum Willelmum Mariscallum patrem et tenet per seriantiam archerie; et valet per annum 20^s.

428. Thomas Faber tenet 1 virgatam terre in Uptone de donacione domini Regis per servicium ducentarum sagittarum et valet per ann. 20^s.

429. Radulfus de Vernei tenet Pichenecumbe ex donacione Johannis Regis et valet tres libr.

430. Meillardus tenet 1 virgatam terre et dim. in Uptone ex dono domini Regis de dominico suo, reddendo inde 22^s, et valet per annum 30^s.

431. Capella S. Nicholai fuit aliquando de donacione domini Regis; et prior de S. Oswaldo habet eam per donum Regis Henrici, set clavis ei primo commissa fuit tempore gwerre per consilium domini Regis.

432. [B] Henricus Smatte appellavit Herebertum de Waleswrde de plagis et de pace domini regis infracta et non est prosecutus et ideo capiatur; et Herebertus venit et defendit totum et quod nunquam appellatus fuit; et inventum est in rotulis coronatorum quod ipse fuit ita appellatus, et coronatores hoc idem testantur, et ideo Herebertus in misericordia, et juratores dicunt quod nichil sciunt de loquela ista. Post venit Herebertus et finem fecit per $\frac{1}{2}^m$ per plegium Milonis de Sandherst et Henrici de Barres.

Et juratores in misericordia pro concelamento istius loquele et 9 aliarum loquelarum.

433. [B] Apud Hukelingcote Osebertus de Hukelingcote obrutus fuit sub caretta sua et villata concelavit loquelam istam et ideo in misericordia; precium equi et m̄ia carette 6^s unde villata debet respondere. dō dand 6^s

[Memb. 18 dors.]

434. Hugo Blundus appellat Petrum privignum Ricardi Gile quod ipse cum vi sua scilicet Wilekino fratre suo et Willelmo Fuket et aliis qui obierunt nequiter et in pace

domini Regis in crespusculo per quandam diem dominicam que fuit per tres septimanas ante Natale circa 12 annos elapsos in reditu de quadam cervisia [1] que fuit ad domum que fuit Willelmi de Paris [1] et [2] eum assaltaverunt et tres plagas ei fecerunt in capite et 1 plagam in sinistro brachio ita quod ei brusaverunt parvum ossum ejusdem brachii et quinque solidos ei robaverunt in denariis et ita eum [3] quod illum reliquerunt ut crediderunt mortuum et hoc offert probare versus ipsum Petrum per corpus suum etc. ut versus illum qui fecit ei plagas illas, etc.

Et Petrus defendit plagas et feloniam et assaltum et roberiam et quicquid ad coronam domini Regis pertinet. [4] Set veritatem vult cognoscere. Contigit [4] quod quedam cervisia brasciata fuit in domo sua propria et idem Hugo ibi fuit et Johannes Vinseli et Hugo Scrop similiter et ipsi postea litigaverunt adinvicem in domo predicta set tamen recesserunt inde et in recessu eorum, ipse clausit hostium domus sue et noluit cum eis exire et quia noluit exire cum eo ad auxiliandum [5] minatus fuit ei quod eum appellaret. [6] Et de hoc quod verum sit quod ipse appellat per odium et per causam predictam offert ponere se super veredictum[6]; et si hoc non sufficit offert defendere se sicut curia consideraverit.

Et quesitus quam sectam ipse fecit, dicit quod statim post factum istud monstratum fuit coronatoribus ville Gloucestrie et postea ad proximum comitatum.

Et coronatores testantur quod ad proximum comitatum qui fuit post Natale post factum istud venit ipse et ostendit plagas suas recentes sicut predictum est in pleno comitatu et appellavit predictum Petrum de facto et Wilekinum et alios de vi.

Et quia ipse fecit sectam suam sufficientem, considera-

[1–1] Interlined in both rolls.   [2] Probably a verb is wanting in both rolls.
[3] Some verb must be missing in A; B has *et ita eum atornaverunt quod eum reliquerunt mortuum sicut putaverunt.*
[4–4] *set verum vult dicere et dicit quod contigit* B.   [5] *ei* B.
[6–6] *et quod hoc verum sit offert ponere se super visnetum suum etc.*

tum est quod[1] Petrus det vadium suum defendendi et Hugo ad probandum.

Plegii Petri de defendendo Gaufridus de Matresdone, Mauricius de Sredhame, Phillippus de Ocholte, Henricus Osmund, Gaufridus de Maruent, Gaufridus de Ledene. *Duellum*

Plegii Hugonis ad prosequendum Rogerus de Teokesbiria, Herebertus le Cordewaner, Walterus Toki, Herebertus de Waleswurthe.

Dies datus est eis Vigilia Sci. Petri ad advincula[2] apud Herefordiam et tunc veniant armati; et Willemus Fuket et[3] Wilekinus appellati de vi remaneant etc.; et preceptum est vicecomiti quod capiat de eis plegios; plegii Willelmi Foke, Almarus de Ledene, Gaufridus de Lilintone et vicecomes respondeat de plegiis alterius. *[trans de pl]*

435. Henricus Piteriche de Wuttone retentus fuit in castro domini Regis de Gloucestria pro bidentibus furatis unde rettatus fuit; et postea replegiatus fuit per preceptum domini Regis usque in adventum justiciariorum per breve suum; et tunc venit idem Henricus et defendit latrocinium etc.; [4] set non vult ponere se super veredictum 12 juratorum et ideo custodiatur[4]. *custodiatur*

436[5]. Robertus filius Walteri Dere inventus fuit submersus in Sabrina sine vulnere. Et Helias de Farnlee attachiatus fuit pro quadam suspicione que habebatur versus eum eo quod ipsi antea litigaverunt adinvicem pro blado ejusdem Helie comedato averiis suis. Et ipse venit et defendit et mortem et consensum et voluntatem et quicquid contra coronam domini Regis est; et offert 1^m domino Regi unam marcam pro habenda inquisicione si ipse culpabilis sit inde vel non; et admittitur per plegium Willelmi Horege de Gloucestria.

Juratores tam de Hundredo de Dudeston quam de Hun-

---

[1] *duellum sit inter eos et quod* B inserts.
[2] Sic A; *Petri ad vincula* B. [3] *et* wanting in A.
[4]–[4] *set non vult ponere se super veredictum 12 jur neque eciam super com neque eciam super aliquam jur et ideo custodiatur* B.
[5] See 411, same case; B has nothing about it here.

dredo de Hwitestan dicunt super sacramentum suum quod ipse non est inde culpabilis et quod inpositum fuit per odium et atiam et pro quadam terra quam Walterus de Croilli pater uxoris ipsius Helie diracionavit versus Walterum Derc patrem ipsius Roberti. Et ideo consideratum est quod Helias eat inde quietus.

Hundredum de Hwiteston.

437. Malefactores venerunt de nocte ad domum Roberti Kari et occiderunt ipsum Robertum et uxorem suam et quendam puerum lactantem ; et postea ad domum Ade filii Andree et occiderunt ipsum Adam et uxorem suam et unam vetulam et duos pueros, scilicet omnes qui fuerunt in domibus predictis et Englescheria ipsorum non fuit racionabiliter presentata ideo murdra.

<small>5 murdra</small>

438. Duo homines inventi fuerunt occisi in bosco de Hundresfelde eodem die et due sorores ipsorum occisorum nescitur qui fuerunt occisores nec Englescheria fuit presentata ideo murdra.

<small>4 murdra</small>

439. Quidam mercator inventus fuit vulneratus in quodam fossato et vix potuit loqui et dixit sicut potuit quod socius suus ita eum vulneravit set neminem nominavit nisi quod fuit de villa Oxonie et postea obiit et Englescheria non fuit presentata ideo murdrum ; et Engelardus[1] cepit de villata pro facto illo duas marcas.

<small>·murd
2ᵐ</small>

440. Quedam sella vacua inventa fuit in bosco de Hundresfeld et nescitur cujus ipsa fuit et Adam Loc et Hugo Lok et Robertus Scaddi et quidam Gregorius propinquiores vicini attachiati fuerunt et omnes venerunt preter Adam ; et attachiatus fuit per villatam de Stanlege et ideo in misericordia ; et nullus eorum malecreditur et ideo omnes quieti.

<small>mīe</small>

441. Quidam Godefridus Godman submersus fuit in aqua de Stanhus et cecidit de quodam equo et nullus

---

[1] *Eng. de Cygony tunc vicecomes* B.

malecreditur; precium equi 3ˢ unde Ingelardus debet 3ˢ respondere.

442. Walterus de Kent appellavit Gilebertum le Songere et Henricum de Stanhus de pace domini Regis infracta et ipse non est prosecutus et ideo capiatur; et plegii sui de prosequendo sunt in misericordia, scilicet Simon Tiche, m̄ic Osbertus Cobbe, Adam le Gardiner, Ricardus le Joefne; et testatum est per 12 quod appellati non sunt inde culpabiles et ideo eant inde quieti.

413. [B] Johannes filius Isabelle occidit Mauricium Godhurt et fugit; nullus alius malecreditur, Judicium,—interrogetur et utlagetur; et fuit in franco plegio de Ankrintone et ideo in misericordia. Catalla ejus fuerunt 46^d unde Henricus de Drois respondeat de 34^d et thethinga de Ankrintone de 12^d; Englescheria non est presentata, et ideo murdrum.

444. [B] Reginaldus Parvus inventus fuit occisus in chemino domini Regis in villa de Fromtone et Willelmus et Robertus Blundus fratres et Idenea Trages fugerunt pro morte illa; et inventores non venerunt scilicet Wioc filius Johannis *Magni* et Annota filia Walteri et Mirabilsa filia Hugonis[1]; attachiati fuerunt per Godwinum tethingham de Fromtone et totam tethingam suam; et ideo in misericordia; et nullus malecreditur, et ideo[2] interrogentur et utl utlagentur; et Willelmus et Robertus fuerunt in franco plegio villate de Fromtone et ideo in misericordia. Non m̄ic habuerunt catalla. Englescheria non est presentata, ideo m̄dr murdrum. [3] Et Engelardus tunc vicecomes cepit de quodam Rogero Trages patre Idonee 20^m [3].

415. [B] Willelmus filius Gunilde occidit Ricardum parcarium et fugit in ecclesiam et abjuravit terram abjur

---

[1] *obiit* above her name in A.

[2] In A it is clearer that William and Robert are the persons to be outlawed.

[3–3] Instead of this A has *Gerardus de Atie cepit de Rogero clerico cujus homines ipsi Willelmus et Robertus fuerunt* 20^m *et de villata* .... [illegible].

5ˢ et cognovit mortem. Catalla ejus 5ˢ unde Simon de Matresdone et Henricus de Drois respondeant.

446. [B] Quidam homo ignotus inventus fuit strangulatus quodam laqueo in grangia Walteri Juvenis de Salle et nasus ei fuit abscisus et unum ex labris et facies ejus dissimulata et virilia ejus abscissa, et predictus Walterus et due mulieres nebulatrices capti fuerunt pro morte illa et inprisonati apud Gloucestriam; et nescitur quomodo fuerunt deliberati nisi per Girardum de Aties et Walterus non venit et attachiatus fuit per totam tethingam de Salege; et ideo in misericordia; et Walterus non malecreditur[1]. Nescitur que fuerunt ille meretrices. Englescheria non est presentata et ideo murdrum.

447[2]. Comitissa Herefordie est de donacione domini Regis.

[Memb. 19.]

Placita Corone de villa Gloucestrie.

448. Rogerus garcio Ricardi de Apperleie cecidit de quodam batello in Sabrinam et submersus est; nullus malecreditur. Judicium,—infortunium; batellus perditur.

449. Duo sarcofaga de plumpo inventa fuerunt in curia Roberti de Aqua plena ossibus; nullus malecreditur; dentur leprosis.

450. Willelmus le Sauuner occidit Thurstanum le Sauuner quodam knipulo et fugit et fuit in warda versus aquilonem; et ideo ad judicium; et Willelmus malecreditur; Judicium,—interrogetur et utlagetur. Nullum murdrum infra villam. Catalla Willelmi 2ˢ unde Ricardus Burgeis respondeat de 1 anno et feodum reddatur Abbati Gloucestrie capit[3].

ad jud
exig
2ˢ

[1] *set predicte mulieres malecreduntur quia homo ille strangulatus fuerat amicus cujusdam ipsarum et odium fuit inter eos ut dicunt* A.

[2] B here inserts *De Ada Clodier de Witestane ut sit sub plegio ½ᵐ per plegium Willelmi de Estone.* See above, 401 note.

[3] This should be *capitali domino;* and is so in B.

451. Petrus Dochere percussit Hamundum Dochere ita quod cecidit et fugit set Hamundus vixit per 10 septimanas et convaluit de plagis et obiit infirmitate sua et non de plaga; et ideo non interrogetur set si redire voluerit inveniat plegios standi recto.

452. Petrus pistor cecidit super cnipulum Johannis Coci de Launtoney sicut luctavit cum eodem Johanne et Johannes captus fuit et inprisonatus in gaola ville et evasit de prisona et fugit et ideo ad judicium de villata [ad jud] quia Walterus Longus custos gaole non est custos de feodo. loq

453. Willelmus Harlewinus armiger Roberti Musardi occidit quendam clericum in domo Silvestri Poli et fugit et fuit de manupastu ejusdem Roberti; et ideo Robertus in misericordia; nullus alius malecreditur. Judicium,— m̄ia exigatur et utlagetur; catalla Willelmi 12ˢ unde Comes exig Marescallus respondeat pro patre suo. 12ˡ

454. Quidam Simon le Tanur occidit Walterum Balli in domo Ade Botill et fugit et fuit in warda [1] et Henricus Senar et Adam filius Henrici fuerunt tunc in domo; et Henricus fugit et Adam captus fuit et incarceratus in gaola ville et evasit de gaola in ecclesiam S. Petri et deinde evasit usque in Hiberniam; et ideo ad judicium de villa; et Simon et Henricus et Adam malecreduntur et ideo exigantur et utlagentur. Catalla Henrici exig 6½ᵐ catalla Simonis 22ᵈ catalla Ade ½ᵐ unde Ricardus 6ᵐ Burgeis respondeat [2] feodum Archiepiscopi 22ᵈ reddatur ei post utlagationem. ½ᵐ

455. Adam filius Esegari appellat Durandum Scissorem quod ipse cum vi sua scilicet Ada Vinche et Ada Gunware in pace domini Regis fregerunt domum suam et eum verberaverunt et male atornaverunt [3] et hoc offert probare sicut curia consideraverit.

Et Durandus venit et defendit totum etc. et ponit se

---

[1] A blank space left in both rolls.
[2] A blank space is left in A; the phrase beginning *feodum* is not in B.
[3] *attornaverunt* B.

super juratam quod ibi non fuit nec per eum vulneratus fuit. ¹ Postea venerunt omnes et ponunt se in misericordiam perdonum pro paupertate¹.

<small>ecclie</small> 456. Ecclesia S. Marie in medio vico est de donacione domini Regis et Willelmus Horhengh illam habet ex dono domini Regis Johannis.

Ecclesia S. Trinitatis eodem modo de donacione domini Regis et Decanus de Barsham illam habet ex dono ejusdem.

Ecclesia S. Nicholai eodem modo et Willelmus Cucuel illam tenet ex dono domini Regis set Burgenses apponunt² clamium suum.

<small>escaet</small> 457. De escaetis dicunt quod terra que fuit Elie Judei est escaeta domini Regis et Simon Cocus illam habet ex dono domini Regis Johannis; et valet 1 m.

Item terra Mossei Judei est escaeta domini Regis et Vitalis le Vielur illam habet ex ballia domini Johannis Regis; valet di. m.

458. De purpresturis per ecclesias S. Nicholai, S. Michaelis, S. Trinitatis et S. Kineburge dicunt quod non sunt ad nocumentum ville et ideo remaneant et non amplius presententur ille purpresture.

459. De novis consuetudinibus levatis dicunt quod tempore Thome de Rocheford et prius solebant Castellani capere cervisiam per villam primo die vendicionis et habere 28 lagenas pro 2^d de uno bracino et reddere statim duos denarios et si denarii non redderent quod facerent tailliam et quamdiu ipsa femina haberet talliam non possent plus capere de cervisia. Set idem Thomas per voluntatem suam fecit capere duos denarios ubi non cepit cervisiam, et preterea ceperunt³ cervisiam adeo ad ultimum diem vendicionis sicut primo die quando cervisia clara fuit et preterea fecerunt dicas suas et nichilominus ceperunt eodem loco cervisiam;

<small>loq</small> et hoc hucusque durat et petunt hoc sibi emendari.

---

¹⁻¹ Not in B.   ² *Burg app clam* A B.
³ Very doubtful, but not *cepit;* in B the word seems altered into *cepit.*

460. Adam Croc et Davud Dunning vendiderunt vina contra assisam et ideo in misericordia. mie

461. Amisius le Macecrer divertit cursum aque de Fulebroc ad nocumentum Abbatie S. Petri unde idem profert cartas Regis Henrici senioris et Regis Henrici avi domini Regis qui concederunt ei per cartas illas aquam de Fulebroc et si quis cursum tresturnaverit sit in misericordia de 10 lib. Et Amisius venit et cognovit quod ita divertit cursum et posuit se in misericordia et aqua ponatur mīa in recto cursu per legales homines.

462. Radulfus Musard vicecomes habet quasdam pursprestruras ex ballia domini Johannis Regis illas scilicet quas Joscelinus Mare[1] tenuit.

463. Henricus le Messager captus fuit pro suspicione et evasit de prisona ville et intravit ecclesiam et cognovit quod fuit latro et abjuravit regnum et ideo ad judicium de [ad jūd] villa.

464. Burgenses[2] finem fecerunt per centum solidos pro misericordia sua.

465. [3][*Hugo de Cu*]llardevilla 1 coronatorum finem fecit per 40^s pro misericordia sua et ut amoveatur de [*officio suo*].

[*Hi sunt*] coronatores electi de Comitatu Gloucestrie, Simon de Matresdone, Henricus de .... de Slochtre et [4]

466. Hugo le Vielur captus fuit pro suspicione latrocinii et venit et testatum est per vicecomitem et ballivos quod cognovit latrocinium et devenit probator et plures apellavit de societate scilicet Walterum de Bello Monte et plures alios coram coronatoribus et coronatores hoc testantur et milites de comitatu similiter, et ideo habeat judicium suum sicut convictus.

Willelmus Lichtfot captus fuit in societate predicti Hugonis et non malecreditur et ideo sit sub plegio; plegii ejus

---

[1] *Mar'*, possibly *Marescallus*.
[2] *Burg*.
[3] Not in B.
[4] Space seems left for a fourth name.

sunt Willelmus de Estone Johannes de Bello Monte et Johannes de Estone; deliberetur.

Samson de Wigornia captus fuit cum predicto Hugone et fuit infra etatem quando captus fuit et non malecreditur et ideo deliberetur.

Willelmus Carpuntarius de Cestria captus pro roberia carete Comitis Marescalli in guerra venit et non malecreditur et ideo deliberetur.

loq   467. [1]Loquendum apud Bristolliam de Gaufrido Cardun qui se appellat Gaufridum Russell.

468. Willelmus de Tredigtone de Eveshame captus per appellum cujusdam suspensi deliberetur et exeat de terra quia malecreditur.

469. Johannes de Dereford de terra Abbatis de Westmonasterio captus per indictamentum non habet plegios deliberetur [2].

Hundredum de Swinesheved extra Bristolliam unde veredictum captum fuit apud Bristolliam prece Juratorum et J. de Florentinis tunc Constabularii et per consilium Justiciariorum; set debent respondere de hundredo suo apud Gloucestriam.

dō dand   470. Walterus filius Johannis oppressus fuit quodam ligno quod sex boves traxerunt; nullus malecreditur; Judicium,—infortunium; precium boum 15^s 10^d; medietas datur pro deo Willelmo de la Heie et alia medietas datur pueris Walteri; Englescheria est presentata; [3]pacati sunt[3].

471. Nicholaus Wiring occidit Nicholaum Hiberniensem et fugit; et fuit in franco plegio Osberti de Humersclive et ideo in misericordia; nullus alius malecreditur; Judici m, —interrogetur et utlagetur; catalla ejus 8^s 6^d unde heres Roberti de Ropelle respondeat. Englescheria non fuit presentata ad comitatum et ideo murdrum.

---

[1] 467-8-9 not in A.

[2] Here B, beginning a new membrane, has the essoigns taken at Bristol; they are found in the civil half of A.

[3-3] Not in B.

472. Tres femine occise fuerunt in domo sua apud Bertone a malefactoribus; nescitur a quibus set postea capti fuerunt 11 latrones et suspensi fuerunt et cognoverunt factum illud. Englescheria est presentata.

[Memb. 19 dors.]

Adhuc de Swinesheved.

473. Quidam extraneus inventus fuit occisus in bosco ad furcas; et nescitur quis fuit vel quis eum occiderit et ideo murdrum. m̄dr

474. Quidam homo submersus fuit in Frome; nullus malecreditur; Judicium,—infortunium.

475. Tres femine et tres pueri occisi fuerunt in domo sua apud Winterburne a malefactoribus; nescitur a quibus; nullus malecreditur; Judicium,—infortunium. Englescheria non est presentata et ideo murdrum. m̄rd

476. Quidam extraneus Wulnothus nomine inventus fuit mortuus in chemino regali de Dedigtone nescitur a quo nec quis fuit; nullus inde malecreditur [1]set dicunt quod servientes de Castello de Bristollia *ibi interfuerunt*[1]; Englescheria non est presentata et ideo murdrum. m̄dr

477. Malefactores noctu venerunt apud Bettone et occiderunt Reginaldum de Brok et uxorem suam et 5 pueros nescitur qui fuerunt nullus inde malecreditur; Englescheria est presentata de Reginaldo et uxore sua et de quinque pueris nulla fuit Englescheria presentata et ideo 5 murdra. 5 m̄dr

478. Malefactores noctu venerunt ad domum Willelmi Beket [2]et ipsum Willelmum ligaverunt et uxorem suam et filios eorum et duos parvulos et ita unum ligaverunt quod obiit[2]. Nescitur qui fuerunt; Englescheria presentata est et ideo nichil.

479. Loquendum super villam de Bristollia de quodam appellatore[3] capto et inprisonato et per cujus appellum

---

[1-1] Interlined in A; nowhere in B.
[2-2] Not in B.   [3] *probatore* B.

plures capti et nescitur quomodo deliberatus fuit nec quo devenit.

15^m

480. De villata Bristollie ne occasionentur 15^{m 1}.

Placita Corone de Villata Bristollie.

481. Gaufridus Coffin fugit pro morte Jordani Drag submersi et non malecreditur; catalla Gaufridi 20^s, unde heres Roberti de Ropelle respondeat.

[dō dand]
20^s

482. Agnes soror Nicholai le Bindere appellavit Walterum de Oxonia et Johannem de Wintonia et Johannem de Oxonia servientes predicti Walteri de morte predicti Nicholai fratris sui et ipsa cognovit quod Nicholaus vixit per unum annum postquam predicti eum verberaverunt. Et Walterus venit et non malecreditur quia juratores dicunt quod nullam plagam habuit immo obiit infirmitate sua; et ideo Walterus inde quietus; et Johannes et Johannes mortui sunt et non malecrediti fuerunt; Judicium,—infortunium. Et dicunt quod Gerardus de Athic cepit de eodem Waltero ad opus suum 50^m et ad opus ipsius Agnetis 10^m.

483. Henricus Peche et Alditha uxor appellaverunt Danielem filium Halstan quod vi rapuit Cristianam filiam suam; et Daniel venit et defendit totum et Cristina non sequitur. Juratores dicunt quod Cristiana visa fuit a 4 feminabus que dixerunt quod violata fuit et secta racionabiliter facta fuit et ideo custodiatur. Finem fecit per ½^m quia non malecreditur per plegium Thome Harenge.

[custod]
½^m

484. Agnes neptis Johannis filii Claricie appellavit Stephanum le Gros de rapo et Stephanus non venit et ipsa habet virum; et Stephanus fugit in Hiberniam et non fuit manens in Bristollia immo itinerans mercator; et non malecreditur; et ideo nichil.

loq cum co

485. Petrus le Champeneis et quidam alius Petrus Marc-

---

¹ This immediately introduces the Bristol heading. In B the entry has been begun; it was left unfinished and has been partly erased: but it is introduced below between 496-7, and again between 502-3.

scallus¹ servientes Archidiaconi Gloucestrie occiderunt Anketellum vigilem Abbatis de S. Augustino et fugerunt; et exig fuerunt de manupastu Archidiaconi et ideo in misericordia; nullus alius malecreditur; Judicium,—exigantur et utla- m̄ia gentur; nulla catalla habuerunt.

486. Jordanus Crokare occidit Thomam Textorem et vulneravit Willelmum Pollard et fugit et fuit manens in Bristollia; set juratores dicunt quod nullum est ibi francum plegium nec warda² que debeat respondere de fugitivis; exig et ideo inde loquendum; Willelmus postea obiit. Catalla loq Jordani 34ᵈ unde Willelmus le Taylur coronator respondeat. 34ᵈ³ Jordanus malecreditur. Judicium,—interrogetur et utlagetur.

487. Isabella filia Osanne obruta fuit quadam careta; nullus malecreditur; Judicium,—infortunium, precium *carete* [5ˢ] 5ˢ unde Coronator⁴ etc. precium catalli in careta 8ᵐ quas 8ᵐ Petrus de Cancellis⁵ recepit et ideo loquendum⁶.

488. Quidam serviens Ricardi le Paumer cecidit in Framam de quodam batello et submersus est; nullus male- [10ˢ] creditur; Judicium,—infortunium; precium batelli 10ˢ unde dō dand Constabularius respondeat. ⁷Reddidit et quietus est⁷.

489. Walterus Gaumbe occidit Osbertum Fox; et fugit; exig nullus alius malecreditur; Judicium,—interrogetur et utlagetur; nulla catalla habuit.

490. Uxor Ricardi le Norcis le Sermuner⁸ occidit uxorem Elie Forestarii: et fugit cum Ricardo viro suo et male- utlag creditur; et ideo Ricardus exigatur et utlagetur; nulla catalla habuit.

491. Johannes clericus de Cornubia⁹ occidit quandam feminam et fugit; nullus alius malecreditur; Judicium,— exig exigatur et utlagetur; nulla catalla habuit.

492. Quidam juvenis de Monemue cecidit de quodam

¹ *Marescallus* interlined in both.
² *gwarda* B.   ³ B in margine *dentur leprosis*.
⁴ *quietus* is here interlined.
⁵ *de Cancell* A, *de Chaunceaws* B.   ⁶ *reddidit et ideo quietus est* B adds.
⁷ Not in B.   ⁸ *le Sermocinarius* B.   ⁹ *Hybernia* B.

I

<small>dō dand
[10ˢ]</small>

batello et submersus est nullus malecreditur; Judicium,—infortunium; precium batelli 10ˢ unde constabularius respondeat. ¹ Reddidit et quietus¹.

493. Nicholaus Pollard, Rogerus Cocus, Godefridus Horsho, et Johannes de Wintonia verberaverunt Helenam filiam Roberti le Bindere ita quod per hoc obiit; et Nicholaus obiit et alii fugerunt et malecreduntur, et ideo

<small>[exig]</small>

exigantur et utlagentur; nulla catalla habuerunt. Et Helena mater Elie le Corduaner attachiata fuit pro eodem facto et venit et non malecreditur et ideo quieta. Postea recognitum est quod nunquam secta facta fuerat nec aliquod appellum et ideo non exigantur; set si veniant, attachientur quod sint ad standum recto.

494. Johannes filius Durandi occidit Gervasium de Hamme et captus fuit super factum et commissus Hugoni de Vivunia tunc constabulario et de gaola evasit

<small>abjur
mīa</small>

et intravit ecclesiam et abjuravit regnum nullus alius malecreditur et Hugo de Vivunia in misericordia pro evasione.

495. Normannus Faber occidit filium Ade Fabri et fugit in ecclesiam et deinde evasit et fuit de manupastu pre-

<small>mīa
6ᵈ</small>

dicti Ade et ideo in misericordia; nullus alius malecreditur; Judicium,—exigatur et utlagetur; catalla ejus 6ᵈ unde constabularius repondeat.

496. [B] Robertus Vinetarius occisus fuit in cellario Thome le Cordewaner de nocte a malefactoribus; nescitur qui fuerunt malefactores nullus malecreditur; Judicium,—infortunium; et Willelmus Balistarius attachiatus fuit pro

<small>inquir ap
Radīg</small>

eodem venit et non malecreditur et ideo quietus. Postea dictum fuit quod quidem Vinetarius de Radinge debuit hoc fecisse et ideo ibi inquirendum quia habet quendam fratrem cocum in Abbacia nesciunt eum nominare et malecredunt eum quia ea nocte visus fuit ibi et in crastino mane fugit.

<small>¹⁻¹ Not in B.</small>

497. Adrianus Judeus occidit Johannem filium Petri et captus fuit et ductus apud Londoniam et ideo ibi loquen- loq. dum cum justiciariis[1]; catalla Adriani 25^s 8½^d et Jacobus 25^s 8^d Hereford[2], Jopinus Judeus, Jacobus de Oxonia, Bonefei, Abraham Gaban ceperunt in manum habendi Richoldam uxorem predicti Adriani et catalla, et non habuerunt et ideo omnes in misericordia. Et Jacobus de Oxonia et Bonefei m̄ie venerunt et dedixerunt quod non ceperunt hoc in manum et Coronatores et Ballivi recordantur quod ipse et alii Loq ap ceperunt hoc in manum et ideo non possunt dedicere. Lond

Et Ducefurmage Judea malecredita de eodem pro quadam carta quam commiserat cuidam vetule in vadium [trans] et venit et defendit totum. Finem fecit per 20^s per plegium 20^s Abraham Gaban[3] et Bonefey Judeorum[3].

498. De escaetis dicunt quod quedam terre jacent vaste que capte fuerunt in manum domini Regis in namium loq pro langablo; et nullus sequitur vel petit feodum; unde loquendum est cum consilio Regis.

499. De purpresturis nichil sciunt. Dicunt tamen quod plures fecerunt kaios super ripam per antiquam consuetudinem et villa non est pejorata, nec dominus Rex aliquod dampnum habet per hoc et ideo loquendum, nec adventus loq navium per hoc deterioratur, nec vicini dampnum habent; et libertas sua talis est quod bene possunt edificare super aquam dummodo nullum de predictis dampnis[4] faciant.

500. [B] De novis consuetudinibus levatis dicunt quod waydarii solebant vendere waydam per quarterium cumulatum et nunc vendunt per quarterium rasum et hoc fuit levatum tempore Petri de Cancellis ad maximum nocumentum ville sue. Et ideo preceptum est ballivis suis quod de cetero vendant sicut solebant.

---

[1] *de uno Judeo* B adds.

[2] In A *obiit* is written above this name, which is struck out.

[3]–[3] Not in B.

[4] *dapnum* B; A is here torn, and *adventus navium* and *edificare*, but partially legible, are given by B.

ad jud

501. [B] Latitudo pannorum non est servata et ideo ad judicium et preceptum est ballivis quod de cetero custodiatur assisa latitudinis.

502. [B] De novis consuetudinibus dicunt quod constabularii capiunt de quolibet lasto allecium 2ᵃ vel sicut mercatores finem possunt facere et solebant habere [1] 4 messas 2 minus [1] quam alii emptores; et hoc bene adhuc concedunt et hoc levatum fuit post tempus Girardi de Athies et ideo emendetur.

503. [B] Item in feria Domini Regis ad festum S. Michaelis si lana corei et ferrum et wayda veniunt ad feriam mercatores solebant vendere illa 4 mercanda [2] infra villam suam eo quod sine magno custu et gravamine non potuerunt illa cariare in feriam. Set post tempus Roberti de Roppele nullus ibi vendere potest hujusmodi mercanda [2] nisi finem fecerit aliquis per 1 lib. piperis [3] et aliquis per plus et petunt sibi hoc emendari [4].

[Memb. 20.]

504 [5]**.** Veredictum de Radeclive captum apud Bristolliam prece Burgensium de Radeclive cum hominibus Templariorum in Radeclive.

m̄ia

Homines Templariorum in misericordia quia primo die non venerunt respondere cum Burgensibus de Radeclive. Et sciendum quod idem homines dixerunt quod debuerunt respondere per se; set recognitum est quod non solent ita respondere per se set cum aliis et ideo decetero respondeant cum aliis vel apud Bristolliam vel in com. Sumerset. ad voluntatem domini Regis. Postea veniunt

---

[1-1] 4 *mesas 2 denar minus* A.   [2] *mercandisas* A.

[3] Partly illegible in B, supplied from A.

[4] B again repeats 480 (Bristol fined 15ᵐ); and then has entry of fine (100ˢ) paid by Henry Piteriche *pro esse sub custodia ad standum recto:* see 435.

[5] In A part of what follows was apparently written in a very cramped manner at the foot of memb. 19 dors., and then copied out fairly on a separate slip of parchment (memb. 20ˑ a few inches long.

homines Templariorum[1] et nolunt respondere extra com. ad judm
Sumerset. cum illis de Radeclive ; et cognoscunt bene quod
recesserunt cum illis de Radeclive de Justiciariis itinerantibus in com. Sumerset. et ibi non responderunt et ideo ad
judicium[2].

505. Juratores dicunt quod Gerardus de Athie cepit
unum Flandrensem in domo Philippi Longi et cepit ab
eo 100^m et ideo loquendum.   loq

506. De aliis capitulis nichil nisi infortunia.

507[3]. Isti remanent coronatores in Bristollia Michael
Bohulk et Thomas Michel in Radeclive et Rogerus Fel-
larde[4] et Willelmus le Taillur ultra pontem.

---

[1] In A *Ap. Westm* is written partly in the margin, so as to leave it rather doubtful whether this is not part of the text:—*postea veniunt . . apud West-monasterium*, but more probably these two words belong to the marginal note —*ad judicium apud Westmonasterium* ; B does not mention Westminster.

[2] The last part of this has obviously been written after the next entry.

[3] Not in B.   [4] *Fellard* substituted for *de Scrogham*.

AMERCIAMENTA
DE COMITATU GLOUCESTRIE DE ITINERE ABBATIS DE RADDINGE J. DE MUNEMUE ET SOCIORUM SUORUM[1].

Kiftesgate.

De eodem Hundredo pro murdro exceptis libertatibus—40^s.

De villata de Swelle Abbatis pro receptamento Willelmi le Cornur extra francum plegium—$\frac{1}{2}^m$ [2].

De Ingelardo de Ciguny de catallis ejusdem Willelmi fugitivi—$3\frac{1}{2}^m$ [2].

De Roberto filio Winchard pro defalta—$2\frac{1}{2}^m$ per plegium Henrici Winchard [3].

De franco plegio Durandi de Overtone in Mucletone pro fuga Yvonis Messarii—$\frac{1}{2}^m$ [4].

De herede Henrici de Chauelingwrthe de catallis ejusdem Yvonis fugitivi—10^s 4^d [4].

De franco plegio Philippi Trasce in Mucletone pro fuga Johannis Hotte—$\frac{1}{2}^m$ [5].

De Radulfo Musard vicecomite de catallis ejusdem Johannis fugitivi—17^s [5].

De franco plegio Sandulfi de Mune pro fuga Ranulfi de Mune—$\frac{1}{2}^m$ [6].

De villata de Mune pro defalta—$\frac{1}{2}^m$ [6].

De villata de Edelmetone pro eodem et pro concelamento —$\frac{1}{2}^m$ [6].

De Hugone de Cuilardvilla de catallis Rogeri de Mune fugitivi—45^s [6].

---

[1] The amercements are not found in B.
[2] See above, no. 1.   [3] 6.   [4] 9.   [5] 10.   [6] 11.

De Philippo de Muclintone de fine suo pro transgressione —½ᵐ per plegium Stephani de Muclintone¹.

De villata de Westone Roberti Mauduit pro fuga Yvonis de Westone—½ᵐ ².

De Radulfo Musard vicecomite de catallis Willelmi de Buseto fugitivi—2ˢ ³.

De eodem Willelmo de fine suo ut possit esse sub plegio standi recto—20ˢ per plegium Willelmi de Estone³.

De villata de Huniburne Abbatis pro concelamento—1ᵐ ⁴.

De franco plegio Algari de Bokeland Abbatis pro fuga Radulfi le Blodlatere—½ᵐ ⁵.

De herede Henrici de Chauelingwrthe de catallis predicti Radulfi fugitivi—10ˢ ⁵.

De villata de Wermetone pro fuga ejusdem Radulfi—½ᵐ ⁵.

De villata de Heiles pro eodem—20ˢ.

De Ada de Trokemartone pro falso appello—½ᵐ ⁶.

De villata de Campedene pro murdro et pro concelamento et falsa presentacione—40ˢ ⁷.

De eadem villata de catallis Willelmi Pigod suspensi—10ˢ ⁸.

De Roberto de Teokesbiria pro vino supervendito in villa de Campedene—1ᵐ ⁹.

De Bernardo Caretario de Langebirgee ut possit esse sub plegio standi recto—1ᵐ per plegium Walteri de Bellocampo¹⁰.

Hundredum de Holeforde.

De eodem Hundredo pro murdro exceptis libertatibus—5ᵐ.

De villata de Hallingis Abbatis pro fuga Edwardi carpentarii fugitivi—1ᵐ ¹¹.

De Engelardo de Ciguny de catallis ejusdem Edwardi fugitivi—30ˢ ¹¹.

---

[1] 12. [2] 13. [3] 15. [4] 16. [5] 17. [6] 20.
[7] 21-27. [8] 22. [9] 24. [10] 18. [11] 31.

De villata de Cadeslade pro fuga Ade de Cadeslade—$\frac{1}{2}$m [1].

De Hugone de Culardvilla de catallis ejusdem Ade fugitivi—10s [1].

De Willelmo de Camera pro esse sub plegio standi recto—10m, per plegium Johannis Marescalli [2].

De villata de Cherletone pro falsa presentacione sua—1m [3].

De villata de Grete pro fuga Jordani Wisgrom et filiorum suorum—$\frac{1}{2}$m [4].

De Henrico de Scrupes quia non habuit Hugonem Walensem fugitivum qui fuit de manupastu suo—2m [5].

De villata de Poteslege quia non habuit quem plegiavit—$\frac{1}{2}$m [5].

De Radulfo Musard de catallis Petri de Potesle fugitivi—18d [6].

De Willelmo Russell et sociis suis juratoribus pro concelamento—40s [7].

De villata de Winchecumbe pro concelamento et transgressione—40s [8].

De Andrea Vinitario pro vino vendito contra assisam—$\frac{1}{2}$m [9].

De Waltero de Catteshulla quia non habuit Ranulfum de Cropthorn quem manu cepit—$\frac{1}{2}$m [10].

De Gaufrido de Liletone pro eodem $\frac{1}{2}$m [10].

De Ricardo de Troham pro eodem et pro falso appello—1m [11].

De Philippo de Oxendone pro eodem $\frac{1}{2}$m [11].

De Morino de Winchecumbe pro fine suo pro habenda inquisicione—2m, per plegium Mathei Coci Odonis de Dumbeltone et Josephi de Marisco [12].

De Ricardo le Teler pro esse sub plegio $\frac{1}{2}$m per plegium Reginaldi Magni et Phillippi le Norreis [13].

---

[1] 34. [2] 35. [3] 36. [4] 41. [5] 45. [6] 46.
[7] 44? [8] 50, 51. [9] 48.
[10] *Wigorn* is written in the margin in connection with these two entries.
[11] 51. [12] 52. [13] 28.

[*Hundredum de Sclochtre*[1].]

De eodem Hundredo exceptis libertatibus pro murdro—40ˢ.

De villata de Sireburne pro receptamento Willelmi de Haselee fugitivi extra francum plegium—1ᵐ [2].

De villata de Magna Bernintone pro falsa presentacione—20ˢ [3].

De Ingelardo de Ciguny de catallis Roberti de Cemiterio utlagati—5½ᵐ [4].

De villata de Bladintone pro concelamento—½ᵐ [5].

De Hugone Fot pro vino supervendito—½ᵐ [6].

De villata de Slohtre pro murdro—1ᵐ [7].

De Nicholao parent pro falso appello—½ᵐ, per plegium Willelmi de Fifide [8].

De Johanne filio Roberti pro eodem—½ᵐ [8].

De villata de Stowe pro falsa presentacione et concelamento—1ᵐ [9].

Hundredum de Teteldestane.

De eodem Hundredo pro murdro exceptis liberatibus—2ᵐ quia parvum.

De franco plegio Ranulfi fabri de Suham pro fuga Roberti filii Reginaldi—½ᵐ [10].

De Radulfo Musard vicecomite de catallis Henrici de Stokes fugitivi—18ᵈ [11].

De franco plegio Ricardi Wlfrich de Estone quia non habuit quem plegiavit—½ᵐ [12].

Hundredum de [*Age*]*mede.*

De eodem Hundredo pro murdro exceptis liberatibus—1ᵐ quia parvum [13].

[*Hundredum de Durhurste*[14].]

De eodem Hundredo pro murdro exceptis liberatibus—5ᵐ.

---

[1] In the margin there is trace of what probably was this heading.
[2] 53. [3] 55. [4] 58. [5] 62. [6] 63. [7] 65. [8] 71.
[9] 68. [10] 80. [11] 81. [12] 84. [13] 111.
[14] The margin is here defective.

De Waltero de Ha .... ut possit esse sub plegio standi recto de morte cujusdam hominis qui fuit occisus in guerra ½ᵐ per plegium Ricardi de Veim.

[*De Henrico de Cors*] quia non habuit Rogerum Bercarium qui fuit de manupastu suo et pro transgressione—½ᵐ[1].

De [*Willelmo filio Baldewini*] thethingman in Hardewic cum tethinga sua quia non habuerunt quem plegiaverunt—½ᵐ[2].

De Roberto Filol ut possit habere Robertum Russell filium suum ad rectum—20ˢ per plegium Roberti Hodierne, Johannis de Bello Monte, Willelmi filii Roberti[3].

De tethinga Walteri Pepin de Suttone pro fuga Gaufridi Basset et fratrum suorum—½ᵐ[4].

De tethinga Gaufridi de Suttone in Suttone pro fuga eorundem ½ᵐ[4].

.... filio Gaufridi Basset[5] de fine suo pro concelamento—40ˢ per plegium Rogeri de Suttone Ricardi Sansmancel Rogeri de Bruera Roberti de Parcham[4].

[*De Hugone*] de Cuilardvilla quia non habuit quem plegiavit—½ᵐ[6].

De Ricardo de la Burscie de fine suo pro transgressione—1ᵐ per plegium[7]

De Waltero de Bello Monte pro eodem—1ᵐ[7].

De Simone de Matresdone de catallis Willelmi de Kinestan fugitivi—2ˢ[8].

De Roberto de Grava quia retraxit se—½ᵐ per plegium Johannis Russi de Gloucestria[9].

De Willelmo de Derneford de fine suo pro transgressione—40ˢ per plegium Ricardi de Mucegros et Hugonis Musteill[9].

---

[1] 86. The whole entry is struck out.

[2] 89. The words *thethingman* and *cum tethinga sua* are struck out, and *habuit* is substituted for *habuerunt*.

[3] 97.   [4] 101.

[5] Sic; probably it should be *De Johanne filio Gaufridi de Suttone*.

[6] 103.   [7] 106.   [8] 109.   [9] 110.

De Radulfo Musard vicecomite de catallis Roberti Basset suspensi—20ˢ [1].

De Abbate de Westmonasterio de fine suo pro habenda terra ejusdem Roberti que capta fuit in manum domini Regis—30ˢ [1].

De Henrico de Cors et sociis suis juratoribus pro concelamento—40ˢ [1].

Hundredum de Grumbodesh.

De eodem Hundredo pro murdro exceptis libertatibus—40ˢ.

De franco plegio villate de Tormartone pro plegio Cecilie Wlnoth—1ᵐ [2].

De Hugone de Vivone de catallis Willelmi de Derham fugitivi—60ˢ [2].

De Osberto de Fonte de Tormartone ut possit esse sub plegio—½ᵐ per plegium Gaufridi Tragin [3].

De Willelmo filio Aluredi de fine suo pro transgressione—½ᵐ per plegium Walteri Senescalli Abbatis de Gloucestria [4].

De Thoma preposito de Derham ut possit esse sub plegio standi recto—½ᵐ per plegium Gaufridi Tragin [5].

De Ada Hereward pro eodem—½ᵐ [5].

De villata de Wike quia non habuit quem plegiavit—½ᵐ [6].

De Johanne Russel pro habenda terra Willelmi de Derham fugitivi scilicet ½ hida que est de feodo suo—20ˢ per plegium Gaufridi [7]

[The end of the roll has perished; seemingly it had a few entries relating to Berntree Hundred.]

[Memb. 22.]

Hundredum de Brihtwildesberge.

De eodem Hundredo pro murdro exceptis libertatibus—6ᵐ.

[1] 101.   [2] 114.   [3] 116.   [4] 117.   [5] 122.   [6] 124.   [7] 114.

De villata de Kinemeresford quia non habuit quem plegiavit—20^s [1].

De Thoma le Hore de misericordia pro transgressione—$\frac{1}{2}$m [2].

De Waltero de Ablintone pro eodem—$\frac{1}{2}$m [2].

De villata de Aldewurth pro fuga Gaufridi de Hose—1^m [3].

De Ada filio Nigelli de catallis ejusdem Gaufridi fugitivi—6^d [3].

De villata de Munechenhamtone pro plegio Elie Largi—20^s [4].

Hundredum de Repsgate.

De eodem Hundredo pro murdro exceptis libertatibus—40^s.

De villata de Brumesfeld pro fuga Roberti de Crumpewelle—$\frac{1}{2}$m [5].

De Johanne de Mara ut possit esse sub plegio standi recto—1^m per plegium Willelmi de Solariis [6].

De Gaufrido de Mara quia non habuit quem plegiavit—$\frac{1}{2}$m [7].

De Thoma de Mara pro eodem—1^m [7].

De Willelmo Krikeman pro eodem—$\frac{1}{2}$m [7].

De Johanne Segare pro eodem—$\frac{1}{2}$m [7].

De Simone de Matresdone de catallis Roberti fugitivi—6^d [8].

De villata de Cuberlegee pro fuga Aluredi filii Hugonis—1^m [9].

De Radulfo Musard vicecomite de catallis ejusdem Aluredi fugitivi—$\frac{1}{2}$m [9].

De villata de Chedewrthe pro fuga Alani de Chedewrthe—2^m [10].

De Giliberto de Ruhe ut possit esse sub plegio standi recto—$\frac{1}{2}$m per plegium Willelmi de Bridelep.

[1] 147. [2] 150. [3] 151. [4] 153. [5] 160. [6] 161. [7] 161.
[8] 163. [9] 164. [10] 167.

Hundredum de Bradelege.

De eodem Hundredo pro murdro exceptis libertatibus—40ˢ.

De Willelmo persona de Thurkedene—nichil [1].

De villata de Doudeswelle quia non habuit quem plegiavit—½ᵐ [2].

De villata de Stawelle pro plegio Roberti filii Johannis —½ᵐ [3].

Hundredum Foreste de Dene.

De villata de Stantone pro fuga Lovicii de Stantone— 1ᵐ [4].

De catallis ejusdem Lovicii fugitivi que Ricardus Wither recepit—5ˢ [4].

De Willelmo de Dene pro manupastu suo—½ᵐ [5].

De Radulfo Musard vicecomite de catallis Gaufridi de Salopsira fugitivi—4ˢ [5].

De villata de S. Brivallo pro fuga Osberti Sutoris—1ᵐ [6].

De Hugone de Nevilla de catallis ejusdem Osberti—12ᵈ [6].

De Willelmo Norense quia non est prosecutus—½ᵐ, per plegium Walteri le Venur et Gilberti Repe [7].

Hundredum de Chiltham.

De eodem Hundredo pro murdro exceptis libertatibus—3ᵐ.

Hundredum de Langetre.

De eodem Hundredo pro murdro exceptis libertatibus —2ᵐ.

De villata de Westone pro fuga Johannis de Westone— ½ᵐ [8].

De Simone de Matresdone de catallis predicti Johannis —10ᵈ [8].

---

[1] 170. The whole entry is struck out. [2] 175. [3] 179. [4] 183.
[5] 185. [6] 187. [7] 190. [8] 218.

De villata de Horsee pro fuga Gaufridi filii Radulfi—40^s [1].

De villata de Wodecestre pro receptamento Rogeri forestarii—½^m [2].

De villata de Hamtone Abbatisse quia non habuit quem plegiavit—20^s [3].

De Simone de Matresdone de catallis Edrichi fugitivi—5^s [4].

De Simone de Lardario pro vino supervendito in Tetebiria et Cirencestria—½^m [5].

De Petro filio Hereberti de catallis Roberti de Tetesbiria fugitivi—½^m [6].

De villata de Rodmartone pro fuga Walteri filii Thurstani—1^m.

Hundredum de Teokesbiria.

De eodem Hundredo pro murdro exceptis libertatibus—2^m.

De Yvone de Clifford de fine suo pro transgressione—½^m, per plegium Walteri de Clifforde Abbatis [7].

Hundredum de Berkele.

De eodem Hundredo pro murdro exceptis libertatibus—5^m.

De villata de Neweham pro pluribus transgressionibus—1^m [8].

De villata de Couele pro transgressione—1^m [9].

De villata de Slimbrige pro fuga Hugonis filii Johannis ½^m [10].

De Willelmo de Estone de catallis ejusdem Hugonis fugitivi—½^m [11].

[1] 219. [2] 220. [3] 221. [4] 224. [5] 226. [6] 227. [7] 244. [8] 312-316. [9] 283. [10] 285. [11] 285.

De villata de Camme pro receptacione Nicholai Hurlebat extra francum plegium—20ˢ [1].

De Thoma de Berkele pro transgressione—20ᵐ [2].

De Othone filio Willelmi de catallis Walteri le Grant fugitivi—14ˢ 8ᵈ [3].

De Joanne de Ispania et Ada preposito de Wodemanecote de fine suo pro habenda inquisicione—2ᵐ, per plegium ejusdem Othonis [3].

De Roberto Bertram de fine suo quia non est prosecutus —½ᵐ per plegium Henrici de Berkele [4].

De Johanna de Esselewrthe que fuit uxor Arnaldi de fine suo pro transgressione—1ᵐ per plegium Ernaldi de Esselewrthe et Nicholai de Pudibrok [5].

De Ricardo de Mucegros de catallis Ernaldi de Esselewrthe fugitivi—50ˢ [5].

De Hugone de Nevilla de catallis ejusdem Arnaldi—23ˢ 4ᵈ [5].

De villata de Wortelege pro transgressione—½ᵐ [6].

De villata de Aumodebiria pro fuga Davidis de Westbiria —1ᵐ [7].

De villata de Wodemancote pro fuga Thome Bunting—1ᵐ [8].

De Radulfo Musard vicecomite de catallis ejusdem Thome—18ᵈ [8].

De villata de Baggepaht pro fuga Nicholai Scot et Ade Wolgar fugitivorum—½ᵐ [9].

De Henrico de Escrupes de fine suo quia sine licencia domini Regis duxit in uxorem Leticiam que fuit uxor Rogeri de Berkele—100ˢ per plegium Hugonis Giffard, Thome de Baskerville, Roberti filii Walteri, Berth. Labant, et Walteri filii Hugonis [10].

De Ada preposito de Wodemanecote de fine suo quia retraxit se—1ᵐ, per plegium Othonis filii Willelmi [11].

[1] 286.
[2] 287; *transgressione* is substituted for *evasione latronis*, and *ad scaccarium* has been written in the margin and struck through.
[3] 287. [4] 288. [5] 289. [6] 291. [7] 301. [8] 303.
[9] 306. [10] 308. [11] 309.

Hundredum de Cirencestria.

De eodem Hundredo pro murdro exceptis libertatibus —40ˢ.

De villata de Amenelle Abbatis pro fuga Ricardi Cobbe —½ᵐ [1].

De heredibus Gerardi de Athye de catallis ejusdem Ricardi—10ˢ [2].

De villata de Hamtone Rogeri de Meisy pro receptamento Henrici Stake extra francum plegium—1ᵐ [3].

De Radulfo Musard vicecomite de catallis ejusdem Henrici fugitivi—4ˢ [3].

De villata de Uphamenelle Abbatis de Cirencestria pro fuga Jordani Molendinarii—½ᵐ.

De Radulfo Musard vicecomite de catallis ejusdem Jordani fugitivi—18ᵈ.

De villata de Cotes pro transgressione—10ˢ [4].

De Radulfo Musard vicecomite de catallis Henrici Petit clerc fugitivi—½ᵐ [5].

De villata de Cernay pro [6] transgressionibus—1ᵐ [7].

De Radulfo Musard vicecomite de catallis Roberti Cork fugitivi—3ˢ [8].

De Rogero Constabulario pro fine suo de transgressione—½ᵐ
De Willelmo Bucke pro eodem—½ᵐ
De Gaufrido le Paumer pro eodem—½ᵐ
} per plegium Abbatis Cirencestrie [9].

De villata de Cirencestre pro murdro exceptis libertatibus —5ᵐ.

De Abbate de Cirencestre de catallis Laurencii de Hamtone et Ricardi fugitivorum—3ˢ [10].

---

[1] 250.

[2] 250; Gerard's name is struck out and *in cedula* written in the margin.

[3] 251.

[4] 253; *capcionis Roberti de Cate fugitivi* has here been struck out.   [5] 254.

[6] A word here erased.   [7] 255, 256.   [8] 256.   [9] 262.

[10] 266.

De eodem Abbate de catallis Walteri de Gloucestria fugitivi—10ᵈ [1].

De heredibus Gerardi de Athie de catallis Roberti de la Fermerie fugitivi 14ˢ 2ᵈ [2].

De villata de Estleche Roberti de Tureville pro fuga Roberti de Bordesle—½m [3].

De thethinga Ade Fabri in Cirencestria quia non habuit quem plegiavit—½m [4].

De Roberto de Lenty pro vino supervendito—1m [5].

De Elia Wen pro eodem—½m [5].

De Henrico Bisce pro eodem—½m [5].

De villata de Pandebiria pro fuga Willelmi Molendinarii —½m [6].

Hundredum de Pukeleschierche.

De Hundredo de Pukeleschierche pro murdro exceptis libertatibus—2m.

De Reginaldo Thethingman de Pukeleschierche et Tethinga sua quia non habuerunt quem plegiaverunt—½m [7].

De Theobaldo homine Willelmi Wallerandi de fine suo quia retraxit se—1m per plegium Henrici de Berkele [8].

De Hundredo de Westbiria.

De Willelmo de Dunie de fine suo quia retraxit se—1m per plegium Ricardi Berde et Masei de Bollee et Eborardi de Dunie [9].

De Waltero filio Johannis de fine suo pro transgressione —½m per plegium Willelmi de Dunie [10].

De Rad. Musard vicecomite de catallis Willelmi filii Selwini fugitivi 2ˢ [11].

---

[1] 267. [2] 268; struck out and *in cedula* written in margin.
[3] 269. [4] 272. [5] 277. [6] 347. [7] 280.
[8] 281; over against this there is a fragmentary note in which *libtas epi* (*libertas episcopi*) can be seen, perhaps followed by *Bath*. [9] 320.
[10] 320. [11] 325.

De Waltero Palefrei de fine suo pro transgressione—10ˢ per plegium Thome de Huntele [1].

De villata de Bullee pro transgressione—½ m [1].

De villata de Lega pro fuga Roberti Molendinarii—½ m [2].

De Petronilla de Dene que fuit uxor Gaufridi de Dene de fine suo pro Henrico serviente suo—40ˢ per plegium *Willelmi de Abenhale* et Ricardi de Wesbiria et Henrici de Menstrewurthe [3].

[Four or five fragmentary entries are here omitted.]

[Memb. 23.]

Bisele.

De Hundredo de Bisele pro murdro exceptis libertatibus —3 m.

De villata de Sapertone pro concelamento—1 m [4].

De R. Musard vicecomite de catallis Ricardi de Sapertone fugitivi—5ˢ [4].

De villata de Framtone pro fuga Walteri Molendinarii —½ m [5].

De villata de Wisangre pro fuga Thome Hnol fugitivi— ½ m [6].

Botelawe.

De villata de Kildicote pro fuga Hugonis de Bromtone— ½ m [7].

De thethinga Rogeri de Henha tethingman de Heia pro fuga Walteri Coppe—½ m [8].

De villata de Kenepelai pro receptamento Swein Manhaggere extra francum plegium—½ m [9].

De Rad. Musard vicecomite de catallis ejusdem Swein fugitivi—10ᵈ [9].

---

[1] 328. [2] 329. [3] 330. [4] 347. [5] 351. [6] 354. [7] 364.
[8] 368; *decena* is substituted for *thethinga* and *tethingman* is struck out.
[9] 371.

De villata de Bremesbirge pro receptamento Walteri de Bremesbirge extra francum plegium — ½ᵐ [1].

De villata de Dimoc pro fuga Willelmi Dodding et transgressione — 1ᵐ [2].

De Ingelardo de Ciguni de catallis Willelmi King fugitivi 15ˢ [3].

De Tethinga Walteri filii Ailmari in Pantelee pro fuga Roberti Fabri — ½ᵐ [4].

De villata de Newent pro fuga Willelmi filii Walteri — ½ᵐ [5].

Blideslauwe.

De villata de Alwintone prioris pro fuga Thome Fabri — ½ᵐ [6].

De herede Walteri de Aure de catallis ejusdem Thome fugitivi — ½ᵐ [6].

De villata de Lideneie pro transgressione et pro fuga Andree filii Isaac fugitivi — 1ᵐ [7].

De villata de Ettelauwe pro fuga Hugonis Rollere — ½ᵐ [8].

De Jacobo de Boxclive de fine suo quia retraxit se — 40ˢ, per plegium Radulfi de Wilitone et Pagani de Burchulle [9].

De Ada de Blitheslauwe de fine suo pro habenda inquisicione — 10ᵐ, per plegium Pagani de Burchulle [10].

De villata de Blitheslauwe pro fuga Willelmi et Roberti filiorum Hugonis fugitivorum — ½ᵐ [11].

Dudestein.

De Hundredo de Dudestein pro murdro exceptis libertatibus — 5ᵐ.

---

[1] 373.
[2] 376, 377, 379; *villata de* is substituted for *decena Roberti fabri in*.
[3] 380. [4] 386. [5] 387. [6] 390. [7] 391, 392. [8] 395. [9] 396.
[10] 396. [11] 398.

De herede Thome de Rocheforde de catallis Ricardi Foristarii fugitivi—12$^{d\,1}$.

De villata de Hetherlee Mineris pro concelamento—$\frac{1}{2}$m^1.

De villata de Guderintone quia non habuit quem plegiavit—1$^{m\,1}$.

De villata de Bernewude quia non habuerunt Reginaldum Tod quem plegiaverunt—$\frac{1}{2}$m^2.

De villata de Bernewude de catallis Reginaldi Tod fugitivi —15^s.

De villata de Blegeswurthe pro fuga Rannulfi Gresle—1$^{m\,3}$.

De Hereberto de Walleswurth de fine suo pro transgressione—$\frac{1}{2}$m per plegium Milonis de Sandhurst^4.

De Rogero de Kinemarbiria de fine suo pro transgressione—$\frac{1}{2}$m per plegium Henrici le Drois et Elie Cokerel.

De Philippo de Quedeslege pro eodem—$\frac{1}{2}$m per plegium Henrici de Bares et Milo de Saundhurst.

Witestan.

De Hundredo pro murdro exceptis liberatibus—3^m.

De villata de Stanlege quia non habuit quem plegiavit—$\frac{1}{2}$m^5.

De Simone Tiche et Osberto Cobbe quia non habuerunt quem plegiaverunt—$\frac{1}{2}$m^6.

De Ada le Gardiner et Ricardo Juvene pro eodem—$\frac{1}{2}$m^6.

De thethinga de Framtone quia non habuit quem plegiavit—$\frac{1}{2}$m^7.

De Rad. Musard vicecomite de catallis Willelmi filii Gunville fugitivi—5$^{s\,8}$.

De thethinga de Sallege quia non habuit quem plegiavit—1$^{m\,9}$.

De Adam le Clodier ut possit esse sub plegio standi recto —$\frac{1}{2}$m per plegium Willelmi de Estone^{10}.

---

[1] 404. [2] 419; struck out. [3] 424. [4] 432. [5] 440.
[6] 442. [7] 441. [8] 445. [9] 446. [10] 401, note.

De Henrico de Pikeriche ut possit esse sub plegio standi recto—100ˢ per plegium¹ . . . .

De villata Gloucestrie.

De Ricardo le Burgeis de catallis Willelmi le Savoner fugitivi—2ˢ ².

De comite Willelmo Marescallo pro patre suo de catallis Willelmi Harlewine—12ˢ ³.

De Ricardo le Burgeis de catallis Henrici Senar fugitivi —6½ᵐ ⁴.

De eodem Ricardo de catallis Ade filii Henrici fugitivi— ½ᵐ ⁴.

De eodem Ricardo de catallis Simonis le Tanur—22ᵈ ⁴.

De villata Gloucestrie pro transgressione—100ˢ ⁵.

De Hugone de Cuillardvilla de fine suo et ut amoveatur ab officio suo—40ˢ ⁶.

De Simone de Matresdone de fine suo pro transgressione —½ᵐ.

De Henrico de Drois pro eodem—½ᵐ.

De Ada filio Nigelli pro eodem—½ᵐ.

Hundredum de Swinesheved.

De Hundredo pro murdro exceptis libertatibus—3ᵐ.

De franco plegio Osberti de Huneresclive in Bertona pro fuga Nicholai Wiringe—½ᵐ ⁷.

De herede Roberti de Roppelle de catallis ejusdem Osberti fugitivi—8ˢ 6ᵈ ⁷.

De villata Bristollie ne occasionetur—15ᵐ ⁸.

De herede Roberti de Roppelle de catallis Gaufridi Coffin fugitivi—20ˢ ⁹.

De Danielle filio Alstani de fine suo pro transgressione —½ᵐ per plegium Thome Hareng ¹⁰.

---

¹ 435. ² 450. ³ 453. ⁴ 454. ⁵ 464. ⁶ 465. ⁷ 471.
⁸ 480. ⁹ 481. ¹⁰ 483.

De Willelmo le Taillur coronatore de catallis Jordani Croker fugitivi—33ᵈ [1].

De[2] eodem de catallis Normanni Fabri fugitivi—6ᵈ [3].

De Ducefurmagre Judea de fine suo pro transgressione—20ˢ per plegium Abram. Gaban, Bonefey Jud . . . . [4].

De Hugone Giffard pro plegio Walteri de Grava—½ᵐ.

De Petro de Haya pro disseisina—½ᵐ per plegium Willemi Tragin.

[Memb. 24.]

Amerciamenta de Placitis et Assisis.

[Under this heading are found the amerciaments consequent on the civil (non-criminal) business of the eyre. The commonest causes for the infliction of these amerciaments are disseisins and false claims, and there are also payments 'pro licencia concordandi,' i. e. for liberty to compound a suit. After these there follow the entries transcribed below, which clearly have reference to the pleas of the crown. There is no new heading.]

De Ada filio Nigelli de catallis Willelmi filii Wulvine et Walteri fratris sui fugitivorum—30ˢ [5].

De Simone de Matresdone de catallis corundem—31ˢ [5].

De Hugone de Nevilla de catallis eorundem que Phillippus de Bamptone constabularius suus de S. Briavello recepit—20ˢ [6].

De Comite W. Marescallo de catallis Roberti Longi de Langant que Johannes Lupus senescallus Comitis W. patris ipsius Comitis recepit de Ingelardo de Cigūn tunc vicecomite—22ˢ 4ᵈ [6].

[De] Gaufrido Basset, Johanne Basset et Henrico Basset ut possint esse sub plegio standi recto, si quis versus [eos] loqui voluerit—10ᵐ, per plegium Johannis filii Gaufridi, Walteri filii Roberti Basset, et vicecomes respondeat de . . . . plēg. Preceptum est ei quod illos capiat ad proximum comitatum [7].

[De Rogero] de Menes ut possit esse sub plegio—6ᵐ. per

---

[1] 486.

[2] The beginning of an entry affecting Hugh of Vivonia is struck out; see 494.

[3] 495.   [4] 497.   [5] 397.   [6] 400.   [7] 101.

plegium Ricardi de Cloptone, Johannis de Quentone, Henrici de Menes, Ricardi de Menes, Willelmi ad Collem et de hiis denariis reddet medietatem ad Scaccarium de termino S. Michaelis et aliam medietatem ad Pascham [1].

De Ricardo le Hoppere ut possit esse sub plegio— $\frac{1}{2}^m$ per plegium Unfridi prepositi, Johannis Belle, Radulfi filii Roberti de Shiptone.

De Willelmo de Dierhame ut possit esse sub plegio standi recto si quis versus eum loqui voluerit de morte Wulnothi de Tormertone— 1^m per plegium Gaufridi Tragin [2].

De Lucia que fuit uxor Faverel de Dimoc ut possit esse sub plegio standi recto— 2^m, per plegium Gaufridi filii Radulfi de Dene, Gaufridi filii Rogeri de Dimoc [3].

De Alexandro de Menstrewurthe pro defalta— $\frac{1}{2}^m$ [4].

De Willelmo filio Willelmi Kadel pro licencia concordandi cum Abbate de Cormeilles— $\frac{1}{2}^m$ per plegium Ricardi de Cumptone clerici [4].

De Radulfo le Butiller pro licencia concordandi cum Johanne Russell— $\frac{1}{2}^m$ [4].

De Waltero Toki pro disseisina— $\frac{1}{2}^m$, per plegium Ade Esegar, Hugonis Russi [4].

De Georgio de Neteweie de fine suo de misericordia— $\frac{1}{2}^m$ per plegium Roberti de Hage [5].

De Estmero de Neteweie pro eodem— $\frac{1}{2}^m$ per plegium Ade Tethingman et decene sue [6].

De Roberto le Wanter pro habenda inquisicione— $\frac{1}{2}^m$ per plegium Ricardi Burgensis.

De Johanne le Messer de Prestone pro eodem— $\frac{1}{2}^m$ per plegium Henrici filii Roberti et decene sue.

[Memb. 24 dors.]

De Roberto Picot ut possit esse sub plegio standi recto

---

[1] 11. [2] 114. [3] 379. [5] 87.
[4] A few amercements arising out of civil business come in here.
[6] 87.

—2^m, per plegium Ricardi de Veim, Willelmi Mansel Radulfi de Reddlee.

De Mirabilia que fuit uxor Helie Hakelot pro sic quod carta sua inrotuletur—$\frac{1}{2}$^{m}.

De Isaac Judeo Gloucestrie ut possit esse sub plegio—1^m, per plegium Abraham de Warrwico, Bonenfacii filii Helie, Abraham Folet, Manasses filii Deodonati, Isaac de Lincolnia, Mosse filii Aaron, Isaac filii Matatie, Isaac filii Mosse, Benedicti le Gendre.

NOTES.

THE first entry is an amercement of two of the coroners; but in A this is struck out and *alibi* is written, for the amercement has been entered *elsewhere*, namely, at the beginning of the civil business. Perhaps their default (*defalta*) consisted in not being present at the opening of the eyre.

1. Bracton says (f. 135 b) that at the beginning of each eyre there must be an inquiry as to the mode in which Englishry is presented, since the customs of different counties are different. Here is one small proof of his trustworthiness. There is a similar note of the county custom at the beginning of other Iter Rolls.

cervisia is constantly used to mean, not ale, but an ale, a feast, e. g. a bride-ale. See Skeat, **bridal**.

sectam facere, to make suit or pursuit.

per sectam Matillidis, at the suit of Matilda.

4. **prepositus**, the reeve.

rapus, apparently this was the word in common use for rape; Bracton uses *raptus*. See Du Cange, *rappus*, *rapus*, etc. Our *rape* is not from the Latin *rapere* (Skeat).

5. **invenit hos plegios**. Only one pledge is named; probably the clerk expected a second name. The reader must be prepared for this sort of thing.

manucapere aliquem, to take a person in hand, to undertake to produce him, to become his manucaptor.

6. **attachiare**, to take and keep hold of. A man may be attached by (*per*) his goods and chattels, as when they are taken as a security for his appearance, or by (*per*) another person who becomes surety for him.

7. **racionabiliter**, duly.

8. **abjuravit regnum**. For the law about sanctuary and abjuration of the realm see Bracton (f. 135 b). Abjuration seems to have been very common.

rettati: *rettare* or *retare* (sometimes *rectare*), to accuse, generally supposed to be a word of Teutonic origin: but Diez refers to *reputare*. I think that in this roll a man is *rettatus* when he is of bad fame, although he has not been indicted (*indictatus*), or appealed (*appellatus*). In this case certain persons are *rettati*, but the jurors do not believe in their guilt.

11. This entry has been confused by the intrusion of a postscript. An order is made for the outlawry of *Roger*; then it appears that two townships know where he is: then an order is made for his apprehension.

Then in Roll A a passage has been interpolated, stating how it was testified that Roger was not guilty, and how Richard of Clopton made fine for him; but the clerk had not room to interpolate the names of Roger's pledges, so he tells us to see below (*plegii ejus standi recto inferius*) and finds room for the names at the end of the entry. This procedure is not uncommon, and the reader must take a general warning that sometimes the end of a case appears before the middle.

12. *Emma* the appellor is dead; *Philip* the appellee pays to have an inquisition and the jurors acquit him. Seemingly he is acquitted by the same jurors who are in trouble for not presenting the appeal, namely, the jurors of Kiftsgate hundred.

15. **secuta fuit ad duos comitatus**, she had sued him in two (successive) county courts. He could not be outlawed until the fourth, or, according to another mode of reckoning, until the fifth, county court, until i. e. he was *quinto exactus*. See Bracton f. 125 b.

18. **rettatus de bursis scissis**, accused of cutting purses.

20. The story, as told by the county, is this:—Adam sued Clement in the hundred court for carrying off hay to the value of five shillings, against the sheriff's peace: Clement's defence was that he bought the hay from Adam's mother, and it was adjudged in the hundred court that Clement might make his law, i. e. establish his defence by his oath supported by the oaths of compurgators: this he was to do in the county court; but when he came there with his compurgators (*cum lege sua*), and was just going to make his law, Adam attempted to change the charge into one of felony, mentioned the king's peace instead of the sheriff's, and declared that Clement was just going to perjure himself and commit robbery by means of perjury. When the appeal comes before the justices Clement first (as the fashion is) traverses the whole charge, then pleads his facts specially, and produces his suit, his witnesses, and Adam's mother, who is willing to warrant that she sold the hay. Clement puts himself on a jury for these facts; but there is no need of a jury, for the justices, having heard what happened in the local courts, declare that the appeal is null, probably on the ground that Adam by first suing in the county court has shown that there was no felony; but seemingly Adam's case was open to many objections. A very similar case will be found below No. 99.

Adam levavit eum de lege. It has been suggested to me that this curious phrase contains a reminiscence of the classical meaning of *elevare*. Adam asserted that Clement was not a person who should be allowed to swear, was not oath-worthy, law-worthy.

Clemens venit et defendit feloniam et pacem, etc.; the best translation for *defendere* in such a context is *to deny*; but of course our law language, until quite lately, used *to defend* as equivalent for *to deny*. The defendant in trespass *defended* tort and force and all that was against the peace.

21. **capud thethinge**, the chief pledge, head-borough.

22. The only case of suicide; as to which see Bracton, f. 150.

24, 25. The assizes of weights and measures (as to the breadth of cloth, *de latitudine pannorum*, and the like), were probably those of 1197 given in Hoveden, vol. iv. p. 33 (Stubbs' ed.).

29. **feinario**; fenaria is a barn; Ducange also gives fenarius, fenerius, fenerium. I am not sure that I have read the word correctly.

30. **careta**, cart; **caretarius**, carter.

32. **cum toto pisce**, with all the fish; **chargiata**, loaded.

33. **Terra Normannorum.** The lands of those Normans who, when John lost Normandy, chose to be Frenchmen instead of Englishmen were forfeited. As to the forfeiture of Pinnockshire see Rot. Cl. i. 5 b; it is one of the few little districts that long kept the name of *shire*.

35. This *John Marshall* is probably the nephew of the great Earl and a distinguished leader among the insurgent barons.

et petit sibi allocari, and asks that this may be allowed him. This seems the technical phrase for introducing a plea which shows that the accusation must fail. See Bracton, f. 119, where it occurs repeatedly. William de la Chambre is not tried; he pays ten marks, and finds bail that he will appear in case an appeal is brought. The charge against him of having murdered Simon of Segre is repeated in 254 by the jurors of the hundred of Cirencester; this doubtless is the explanation of the words in the margin of 35, which I hesitatingly read as *item in Cirencestria*.

38. As to the forfeiture of *Hayles* see Rot. Cl. vol. i. 12; the same volume will give facts about this Eudo de la Jalle, or de la Gaile as B calls him.

40. This is a case of treasure-trove; but since only five pennies were found it was treated as trifling.

45. **hachia**, **achia**, an axe, hatchet.

49. It was unlawful to change market-day without royal licence, unless the change was from a Sunday to a week-day. People were beginning to think that Sunday marketings were wrong. See Hoveden, vol. iv. pp. 124, 169, as to the preaching of Eustace of Flay.

50. An early case of collusive conveyancing. The tenants on the king's manor come and sell (*veniunt et vendunt*) their lands to the monastery or the hospital, and then take back their lands to hold of the monks or hospitallers. Then, when required to perform their police duties, e. g. as ale-conners, custodians of the assize of bread and beer, and the like, they set up the monks' privileges, and the monks excommunicate the sheriff. The monks probably have charters which free their tenants from suit to hundred courts and so forth. The immediate recourse to excommunication is very characteristic of the time. (See Pearson, Hist. vol. ii. p. 55.)

52. The jurors of the borough of Winchcomb say that *Marinus* is accused (*rettatus*) of homicide; he pays two marks to have an inquisition as to his guilt or innocence: then the jurors of two neighbouring hundreds are called in, and all say distinctly that he is not guilty. He buys the privilege of being tried by twenty-four jurors in addition to the twelve who have presented the matter.

53. As to killing a thief taken in the act, compare this case with 89 and 362. William did not dare to face the legal consequences of his act; perhaps he had not caught the thief hand-having. Robert the parson (*persona*) cannot be amerced because he is dead.

59. cnipulum, knipulum, canipulum, a knife; it is the English *knife* and French *canif*.

62. archa, a chest, box.

68. The ways which the parson straitened (*estreciavit*) were not the king's high ways, so there was no purpresture or encroachment on the king's rights, consequently no plea of the crown. Dicitur autem purprestura vel porprestura proprie, quando aliquid super dominum regem injuste occupatur, Glanvill, lib. ix. cap. 11.

69. Fleta (f. 53, 54) says that a woman can bring an appeal for the death of her unborn child; Britton (vol. i. p. 114) says that she cannot. See also Bracton, f. 121, and Stephen, Hist. vol. iii. p. 32. Sir S. Clarke, in his notes on the first book of Fleta, p. 82, cites a roll of 45 Henry 3 in favour of such an appeal. Clarke's (anonymous) book is too little known.

71. In A there has been a great deal of correction and interlineation. Seemingly the appeal was first brought by *John Robertson*, or, at least, the clerk supposed that he was the appellor; but then for his name that of Nicholas Parent has been substituted, and consequent but obscure alterations have been made in the description of the goods. The truth seems to be that Nicholas was in the house as John Robertson's farmer, and as such was the proper person to prosecute an appeal of robbery, even though some of the goods belonged to John, for the appeal must be brought by the possessor whether owner or not (see Holmes, Common Law, p. 168). Martin Ball, the appellee, first traverses the whole charge and then pleads that he was acting as servant of the Abbot of Evesham, that the Abbot was entitled to possession of the house, and that John Robertson has brought an assize of novel disseisin which is pending. The appeal is adjudged null; the assize will give John the chattels if he is entitled to them (Glanvill, xiii. 9). It seems to have been no uncommon thing to attempt to use the appeal of robbery for the purpose of trying title to land. See 100.

de forcia. The accessories of a principal criminal are his *vis* and his *forcia*; to appeal a person *de facto* is to accuse him as principal, to appeal him *de vi* or *de forcia* is to accuse him as accessory (see 87). The appeal against the principal does not lie (*non jacet*).

10^m in denariis, ten marks in cash.

jocalia, jewels.

73. *Philip* is an approver (*probator*); he is a confessed thief and appeals three other persons (see 74, 75) of complicity in his crimes. The first of these is William, and since William is not in frankpledge, has no lord to answer for him and simply denies the charge, he is forced to fight Philip. The case gives a good proof of Bracton's fidelity to his authorities. He says (f. 152) that a man appealed by an approver of participation in theft or other felony need not fight if he is in frank-

pledge, has a lord who will warrant him (*qui ipsum advocaverit*), and is willing to put himself on his country that he is a true man. *Si autem in decenna non fuerit nec dominum habuerit qui advocet eum, et patriam recusaverit, forte tunc cum omnia bona ei deficiant, et per hoc par sit appellanti, procedat inter eos duellum.* In Bracton's time this rule, that a man appealed by an approver may go to the country instead of fighting, was seemingly a survival, since every appellee had choice between the two modes of trial; but in 1221 this rule about an approver's appeal may still have been an exception to the general rule that an appellee must fight.

  plegius eorum gaola, let the gaol be their bail; this is a neat phrase in common use.

  The marginal notes which seem to show that Philip began his three appeals in three different counties are from B. I do not think that they were in A.

  The date of the duel was the fifth of July.

  75. **quatuor ulnas de blancheto,** four ells of blanket.

  defendit . . . . sicut latronem ligatum, he denies in the form proper to a case in which the appellor is a thief in bonds. See Bracton, f. 123 b, *et B venit et defendit societatem et latrocinium et totum . . . . sicut versus eum, qui est latro et cognoscens.*

  76. **per odium et athiam,** of hatred and malice: *athia* is our *hate*. This appeal fails at every point, so that one cannot say whether the appellor's coverture was a fatal objection; see 100.

  78. **hercia,** a harrow; **herciare,** to harrow.

  79. **garcio,** a page, a groom.

  esgaratare, exgartare, to hamstring; cf. *garter*.

  81. Robert of Gotherington, who is acquitted of this crime, had been arrested and imprisoned at Gloucester; in 1219 he paid a mark to the king and was bailed out to twenty-four lawful men of the county (Excerpt. Rot. Fin. vol. i. p. 34).

  83. **et villata cognovit,** and the township confessed that they did not raise hue and cry, and that no suit was made to the hundred court, and that they did not report the matter to the coroners.

  87. At the outset a question arises as to whom *George* has appealed as principal (*de facto*) and whom as accessory (*de vi*). It is proved that he has all along appealed Thomas as principal and Estmar as accessory. A variance in this matter would have been fatal to the appeal (Bracton, f. 141); but there has been none. Then George wants to pursue his appeal as a maimed man (as to this see Bracton, f. 142-143); but the court decides that he is not maimed. Seemingly Thomas wants to be tried by the country; the jurors think him guilty, and it is adjudged that there must be a duel at Hereford on the 21st of July. Then B adds what happened at Hereford; Thomas was vanquished, blinded, and mutilated. An order was then made for the production of Estmar the accessory. He was to be produced at Gloucester, which town perhaps the judges revisited on their return from Hereford. Then follows in B another postscript, which perhaps tells the story of a duel at Worcester

(which town was certainly revisited) between George and *Estmar*. But this is obscure, because, according to the roll, *Thomas* is again the combatant. George is again victorious, and his enemy is blinded and mutilated.

Possibly the story does not end here though the record does. Under this very year 1221 the Worcester annalist reports how barbarism was tempered by miracle. A certain champion (*pugil*), by name Thomas of Eldersfield, was blinded and mutilated, but rendered whole and sound by S. Wulstan. He then became professed and lived long and honourably; whence the verse,

Sexu privatus fit vir; videt exoculatus.

The Tewkesbury annalist tells the same story under the same year. Probably, however, it relates to some champion (*pugil*) in a writ of right; but at least the case belongs to this eyre. S. Thomas à Becket had worked a very similar miracle; the story has lately been told by Mr. Justice Stephen (Hist. vol. i. p. 78). It may be that these horrible sentences were not always very punctually obeyed. The allusion in the margin of B to the Assize of Clarendon is not very intelligible; but as to loss of hand and foot see Assize of Northampton, sec. 1.

89. *Elvina* gets back the bundle (*saccus, fardellum*) of stolen goods, because the thief was still seised of them when he was killed; probably if the thief had waived them, cast them away in his flight, they would have belonged to the king. As to the lawfulness of killing a thief compare this case with 53, 362.

tulit latrocinium: the words *latrocinium* and *furtum* often stand for the stolen goods.

92. Observe these heavy fines inflicted when there was death by misadventure.

96. **batellus**, a boat.

99. An appeal of robbery: the substantial defence is, I am your landlord and took the goods in distress (*in namium*). It would probably, however, be a mistake to suppose that this appeal, which is very like No. 20, is adjudged null on the ground that the appellee took the goods under a belief that he had a right to take them. The appeal is adjudged null on proof of what happened in the county court, namely, that the goods having been replevied, the appellor had sued for damages, counting on the sheriff's peace and only referred to the king's peace when it had already been adjudged that the appellee might make his law in proof of his not having detained against gage and pledge (*contra vadium et plegium*). The decision in this case and in No. 20 is not that the appellee has not stolen, but that he has not been duly appealed. This is an early account of replevin proceedings. County court procedure was not expeditious.

100. This case was compromised by leave of the court. In the civil part of the roll (A. memb. 6 dors.) there is the record of an assize of novel disseisin brought by this *Samuel* against this Sibilla. The question really was whether one Serlo had enfeoffed his younger son Gilbert (Sibilla's late husband) while his elder son Samuel was in Palestine.

This is one of several cases (see 20, 99) in which an appeal of robbery is brought to enforce what seems a merely civil claim. The compromise entered on the civil roll was *de omnibus placitis tam de roberia quam de assisa*. Notice Samuel's plea that Sibilla is a married woman.

chalo, a coverlet, counterpane; **tela linea**, a linen cloth; **peplum**, a wimple? **toailla**, a towel.

101. This is a striking case. The *Bassets*, bearers of an honourable name, wounded Geoffrey of Sutton at an ale. He appealed them at the next county court and then died of his wound. His widow, Cristina, took up the suit and pressed it in two county courts. But then a peace (*pax*) was made in the old fashion, and seemingly was sanctioned by the sheriff; there was a marriage and a marriage settlement. The widow discontinued her suit, and John, the son of the dead man, is one of the jurors who say nothing about it. But it is too late in the day for this sort of thing; a murder is not a mere wrong. Robert, the only Basset who appears, puts himself on a jury. The jurors and four neighbouring townships find him guilty and he is hanged. The widow and son of the dead man make fine. It seems, from the amercement rolls, that three other Bassets, Geoffrey, John, and Henry, paid a fine of 10 marks, and found pledges for their appearance in case any should appeal them.

The townships which try Robert lie at the extreme east of the county, and Sutton (under Brayles) is a detached bit of Gloucestershire, which is surrounded by Warwickshire.

In the margin of A near the end of this case there are a few mutilated words; they seem to be the names of somebody's pledges, and one of them is Josephus de Mariscis.

106. **Ricardus homo Gaufridi** is outlawed; Ricardus de la Busseye makes fine. The latter had in 1220 paid a mark for being bailed out to twelve men; he had been in prison at Gloucester, under the charge of having slain Henry le Poer (Excerpt. Rot. Fin. p. 50).

110. **Post venit et retraxit se**, i.e. Robert the appellor refuses to go on with the appeal. I now see that in A, William the appellee makes fine.

The two fragmentary entries that follow on this in A relate to (1) a death by misadventure, and (2) an amercement of the jurors.

  desilavit eum de equo suo, unseated him from his horse.

  orbos ictus, blind blows as opposed to wounds; see Du Cange, *ictus orbus*: Bracton uses the phrase f. 144 b.

111. What in the end happened to the heroine of this queer tale I have not been able to discover. She distinctly refused to put herself upon a jury, but to all seeming was tried and found guilty of having compassed her husband's death. It will be observed that she was questioned. The case is adjourned to Westminster for judgment; the same course is taken in 254. There is a writ (Rot. Claus. vol. i. p. 383) directed to the judges who went to Kent in 1218, bidding them adjourn difficult cases:—' You are to decide all easy cases (*loquelas planas*) which come before you, but any claims of franchises and other difficult cases (*loquelas arduas*) you are to adjourn before our council (*coram consilio nostro*)

at Westminster.' Probably the present case is *loquela ardua* because Matilda will not submit to trial.

In reckoning up in the Introduction the amount of penal justice that had been done, I ought to have noted that criminals were sometimes removed from the counties to London, in order that justice might there be done upon them by the king's court. Thus, in 1219, there is a close writ to Ralph Musard, bidding him send two outlaws who have been caught to the Fleet prison under a military escort (Rot. Claus. vol. i. pp. 396, 397), and in the next year there is a writ to the Abbot of Malmesbury bidding him hand over a thief, who has turned approver, to Musard the sheriff; and then there is a writ to Musard bidding him have this approver, and some other prisoners, before the justices at Westminster (*Ibid.* pp. 428, 429.)

117. piletus, pilettus, the bolt of a cross-bow.

melleta, medleia, a medley, a fray; see Diez, *mischiare*.

124. For some reason or other the manors of Gotherington, Wick (Abston) and Sodbury, are privileged to behave like hundreds.

126. pependit per stiveram, hung by the stirrup.

127. Finitur sicut patet, etc; see 301 for the end of this case.

128. Dominus Bathoniensis (*Bathon*); I suppose the *bishop* of Bath. For other cases of clerical privilege see 168, 181, 259, 294.

The county declares the custom to be that the hundred in which the wounded man dies pays the murdrum. So Leg. Hen. Prim. 92, § 1:—Si quis vulneratus in alium hundredum eat, et ibi moriatur, et ad murdrum veniat, illic persolvatur.

non levavit uteys, did not raise hue and cry.

petit curiam suam. . . . et habet, claims the right to try John in his (the bishop's) court Christian, and the claim is allowed.

John is told that, even though he may make his purgation in the bishop's court, he must keep himself within his cloister.

134. *Hugh of Vivonia*, lately constable of Bristol, was in 1221 seneschal of Gascony. There is a writ directing that this fine of 100^s. due from Tiringham shall be paid to Hugh (Rot. Claus. vol. i. p. 522 b). The offenders in this case probably belonged to the garrison of Bristol.

149. falda, a fold, sheep-fold.

150. Both rolls begin for a while to use *ejurare* instead of the common *abjurare*: though the one is not a copy of the other, they certainly are not independent of each other.

Twelve years was the age at which a boy was to be brought into frankpledge and become lawful.

154. occasione quod debuit maledixisse, because William de la Mare had slandered king John, *at least so Gio said*.

156. redempcionem de omnibus placitis corone, ransom for all the pleas of the crown.

161. Here *John* distinctly refuses trial by his neighbours. The jurors are against him, but I do not think that this is regarded as a trial. The order first made is that he be kept in custody, but afterwards he buys the right to find bail who will have him to right; perhaps Isabella can go on

with her appeal if she likes. I doubt whether general inferences should be drawn from cases in which there is talk of the war time; the judges are making peace and have a large discretion: see 15, 35, and 181.

male attornatus, in effect this must mean maltreated; in two other cases (434, 455) *attornare* or *atornare* is used in the same sense. So far as I know this is very uncommon in our law Latin, in which *attornare* generally means to turn to, as when a landlord attorns his tenant to a new landlord, or a tenant attorns himself to a new landlord; my *attornatus* is the attorney whom I have put in my turn. But the French have a word more in point:—

atourner, v. a. parer, mais avec un sens de familiarité ou d'ironie (Littré).

atorner, parer, orner, arranger; et dans un autre sens, changer, défigurer (Roquefort).

It seems to me that *attornare* or *atornare* in this roll means to give a man a pretty dressing. It has been suggested to me that there has been attraction and confusion between *attornare* (*ad-tornare*) and *adornare*. See Diez, *torno*; Du Cange, *atorna, atornare, attornare*, etc.

163. in orto monialium, in the garden of the nuns. The word *monalium* in the printed text should be corrected.

174. non potest dedicere, Bracton uses this same phrase in the same context (f. 137). In theory there is here no trial at all. The criminal who is taken in seisin of stolen goods, or in seisin of the bloody knife (*saisitus de cuipulo sanguinolento*), is seised of his crime (*saisiatus de roberia vel latrocinio*, Ass. Clarend. c. 12; *saisitus de murdro vel latrocinio vel roberia vel falsoneria*, Ass. Northam. c. 3), and is not allowed to defend himself either by his body or by his country. Bracton says that this was *constitutio antiqua;* probably he refers to the Assizes of Clarendon and Northampton, which sanctioned a rule of far greater antiquity. See also Nos. 189, 394.

175. *Thomas Rochford* had never, I think, been sheriff, but he was deputy-sheriff early in John's reign. It seems to me that this tale about the golden penny was at the least fifteen years old. Observe that two of the four finders are dead.

181. This case illustrates what is meant by an indictment (*indictamentum*). The jurors of Bradley having been charged to arrest the suspects (*malecrediti*), Elias is arrested upon their indictment. He is brought before the judges, and then these same jurors are amerced because they know nothing against him save what happened in the war time.

182. Viridarii, the verderers.

183. This reference to a precedent is noteworthy. The judges have got with them the rolls of the last eyre.

189. habeat judicium suum: this may be a euphemism for *suspendatur*. The case seems to be treated as one in which the bloody knife makes any trial unnecessary (see 174). On the other hand, the *ad judicium* in the margin looks as if judgment was not yet given, nor is it plain to what the *transgressio* refers. Observe that John did not intend to strike Peter.

l.

189. **uthesium**, the hue and cry.

197. For more of this appeal see 401.

200. Probably this means that there is no *murdrum*, because the deed was done in time of war, and that though it was not done by soldiers, this makes no difference. Little stress should be laid on such words as *et*, *set*, *ideo*.

205. **berkeria**, a sheep-fold.

209. *Giles of Braose* was bishop of Hereford from 1200 to 1216; he was succeeded by Hugh of Mapenore, who in 1219 was succeeded by Hugh Foliot. Giles was the only bishop who took part against John in the war; he had cruel wrongs to revenge. The place in which he set up his gallows was seemingly a common pasture, but the phrase *in communia pastura* is queer.

210. **tresturnavit**. In Britton (vol. i. p. 81) one of the inquiries of the eyre is *des cours des ewes trestournez*, of watercourses diverted. I can find no authority for what I take to be *antetresturnum*, but it must mean a rediversion, a turning back to the old course.

213. This is the clearest case that there is on this roll against trying, or rather against punishing, those who do not submit themselves to trial. Apparently *William*, *Alexander*, and *Agnes* have as full a trial as any accused person ever has. The jurors and the three townships declare them guilty; but Alexander and Agnes merely remain in gaol, while William is, I think, let out on bail, though this last fact is left somewhat obscure. (The words 'committatur ... vicecomiti' must, I think, be a postscript overriding the order that William is to be kept in gaol.) For this B expressly gives the reason that these people did not put themselves upon their country; see 229.

et pater suus fuit consenciens. I take it that *pater suus* is Willelmus pater Alexandri.

216. Britton says that one guilty of arson is to be burnt, vol. i. p. 41. Mr. Nichols, in his note on the passage, refers, through Sir Samuel Clarke's Fleta (p. 36), to this very case of *William Miller*, which seems to be the one known case in point. Observe that the county court had the king's writ authorizing this punishment.

grangia, a barn, a grange.

217. The county is careful to state that *Peter* was caught in possession of the stolen lambs, and that the owners made suit. Probably without this the county court would have had no jurisdiction (Bracton, f. 150 b).

The jurors' false presentment may consist in this, that they did not say what became of *Osbert* after he was committed to Jordan Scotmodi. For more of this Jordan Scotmodi see 246.

220. **rettum**, accusation.

225. **tria frustra vitri**, three pieces of glass.

228. **bidentes**, sheep. The four vills are Horsley, Woodchester, Rodmarton, and Tetbury.

229. Seemingly another case, in which a man is tried and found guilty by the jurors and four townships, but is merely left in custody because

he has not put himself on his country (see 213). It is to be noticed, however, that the jurors do not know to whom the sheep belonged.

In this case it seems clear that the jurors, who say on their oath that they know William to be a thief, are the same jurors upon whose indictment he was captured. Perhaps this means that these jurors, in obedience to the instructions given to them at the beginning of the eyre, had arrested William, or perhaps they had given in his name to the justices, and the justices had ordered his arrest. See Bracton, f. 116, and compare No. 181. The four vills are Lechlade, Southrop, Hatherop, and Kempsford in the south-east corner of the county.

231. faleisia, a rock, a bank.

241. captus pro malo retto, arrested because of his ill repute.

ipse est cruce signatus, he is a crusader, has taken the cross.

243. The thief having been caught with the stolen goods on him, the Earl of Gloucester, who had much land round Tewkesbury, claims the privilege of trying and hanging him; the claim is allowed, and the thief is handed over.

244. The jurors seem to be presenting what has happened since the session at Gloucester began. Observe how emphatically B states the duty of the husband to produce his offending wife.

246. Observe that the whole county testifies against *Jordan Scotmodi*.

249. juxta divisas, near the boundary.

253. ante horam vesperam. It became law, as recited by a statute of 1487 (3 Hen. 7, c. 1), that 'if any man be slain *in the day*, and the felon not taken, the township where the death or murder is done shall be amerced.' This rule, which is stated as still existing law by both Coke (3 Inst. 53) and Hale (P. C. vol. i. p. 448), and which has never been abolished, must be distinguished both from the rule about the murder-fine which fell on the hundred, and the rule about frank-pledge. It cannot be traced to any known act of legislation, and the only old authorities about it in print are some of Fitzherbert's scraps. It may, however, be very old, and deserves a share of the attention which historians pay to frank-pledge. There is nothing in this roll very decisive about it, but we may note that the very commonest form of presentment begins, 'Malefactores venerunt *de nocte*, etc., et occiderunt, etc.;' probably the words *de nocte* are material.

254. The hundredors of Holeford had already charged this *William de la Chambre* with this murder (see above No. 35), and the story was not new, for already, in 1218, the king had enjoyed his year and day in William's land, William having fled for the crime; see Rot. Claus. vol. i. p. 377. I have not been able to discover what became of him. Apparently the Earl Marshall is ready to establish an *alibi*, and certainly the story told by the jurors is almost too circumstantial to be true.

capud fili, the end of the string.

259. *Silvester of Evesham* was elected bishop of Worcester in April, 1216, and died in June, 1218.

260. From the corrections in A it would seem that the jurors origin-

ally presented this case as one of robbery, but *Katharine* asks only for a civil remedy.

260. **heredis sui**, Katharine's daughter, who perhaps has been abducted and married.

et ideo ibi rectum habeat, she may seek her remedy in a civil action, a *placitum terre et heredis sui*.

261. The judges seem to exercise a power of pardoning even in grave cases.

264. *Roger* the approver is hanged because his appeal is informal; he does not say that Thomas was his fellow. Bracton (f. 153) says that the approver's appeal must set forth all the circumstances of the case. Thomas, who is in frank-pledge, is bailed to his pledges; Adam, the other appellee, is not in frank-pledge and so has to abjure the realm. This is in close accordance with the law laid down by Bracton (f. 152–154).

camisia, a shirt; **braccae**, breeches; **wimpla**, a wimple.

seductor domini regis, seemingly this is a charge of treason; see Bracton, f. 118, b. (ed. Twiss, vol. ii. p. 258) and Emlyn's note to Hale, P. C. vol. i. p. 77.

274. According to B the four shillings due as deodand were paid *coram justiciariis in banco*. Does this necessarily mean that the payment was made, not at Gloucester, but at Westminster? If so, this is an instance of a late postscript.

280. *Dominus Bathoniensis* is, I suppose, the bishop of Bath (see 128). It is carefully noted that the men who were hanged were hanged for theft, and not for murder, and that they were taken *cum furtis*. This is probably another instance of county court jurisdiction over hand-having thieves.

289. It seems probable, though of course not certain, that this case comes from the shrievalty of Richard Mucegros. He may have had the chattels in some other character than that of sheriff. Hugh Neville, for instance, had been custodian of the forest of Dean, and his servant had become possessed of some of Arnold's goods. It should be noted, however, that three of the persons concerned are already dead.

Pollard had been accused (*rettatus*) of adultery with Johanna, probably in the Court Christian. It is not easy to see why Johanna should be fined for the death of her lover, whose death had displeased, not pleased, her.

runcinus, a rouncey, a horse.

294. *Walo*, or *Gualo*, was the famous legate; *Silvester* was the bishop of Worcester (1216–1218); *Robert of Berkeley* died in 1220. Not impossibly this case preserves a trace of the interdict during which little respect was paid to the privilege of clergy. For more of Gualo see 372.

295. *Hugh of Vivonia* had been constable of Bristol.

296. *Lucia* is probably the widow of Robert of Berkeley, called Leticia below (see 308).

301. This *David of Westbury* has been already mentioned (see 127). The townsfolk of Almondsbury ought to have watched the church, to prevent David's escape.

infirgatus, infirgiatus, fettered.

308. The widow of the king's tenant in chief ought not to marry without the king's licence (see John's charter, c. 8). A heavy fine is imposed, but the lady was wealthy.

316. *Roger* refuses to put himself on the neighbourhood, but nevertheless is hanged. I am not sure, however, that the case supports the general proposition that a man can be tried if he refuses trial. Roger had broken his fetters (*firgias*) and run to a church, and this may be treated as equivalent to that seisin of a crime which makes an inquest unnecessary (see 174). Stress is laid on the fact that Roger left the church voluntarily, because, if he had been dragged from it, then he must have been put back again into his sanctuary. Probably *in convencione omnes habent cum suspectum* merely means all *with one accord* suspect him; for *una voce* used with the same meaning see 394 and 414.

324. Seemingly a question arises whether the abbot is bound to produce a servant whom he has merely hired by the day; see Bracton 124 b, as to who constitute a man's mainpast.

328. The trial by jury is noticeable, because *Walter* is not charged with any felony.

330. Here again the accused refuses trial by jury; but the testimony of the jurors and of the townships is taken, and they say that he is guilty, giving as one reason for their belief that he will not submit to trial. Unfortunately his mistress, Petronilla, interferes and buys him permission to abjure the realm.

ad burricas; *buricus, burricus,* a horse or donkey; the French keep the feminine *bourrique* for a donkey: see Ducange, *buricus*; Diez, *burro*.

et habet dies, etc., and he has as his days (i.e. as the days within which he must sail) one month from the 19th of July.

331. **de quodam halimoto,** from a hallmoot, a manorial court.

332. Four persons have been slain by burglars, and this is adjudged misadventure. A similar statement is made in 352. Surely the clerks are blundering.

337. No judgment is given, possibly on the ground that Henry the Second's charter privileges the monks of Flaxley from being impleaded before the justices in eyre. For instances of charters containing similar clauses see Brunner, pp. 409–410; they are from Normandy.

mora, a moor.

per bundas et per metas, by metes and bounds.

342. **pro retonsione denariorum,** for clipping coins.

357. The hundred-jury of Blidesloe is sent back to reconsider its verdict, and the jurors are warned to have a care for themselves. They come back at 388. The words *veredictum suum ei committitur* certainly suggest that the answers to the articles were in writing.

362. *Thomas Roscelin*, it seems, killed two she-thieves (*latronisse*) when they were about to burgle a house, and this he did *se defendendo*. Apparently it is considered that for such an act a pardon must be obtained. As to this see Stephen, Hist. vol. iii. p. 36 fol.

I have in vain tried to discover the date of this case; it would fix the date of the last eyre in Gloucestershire.

362. **languidus et in litera**, sick and in a litter.

372. For another case in which *Gualo* the legate delivered a prisoner see 294. In the present case it does not appear that the prisoner was a clerk.

378. Hugo le Chevaler and Hugo Miles are of course the same person.

379. The words marked as conjectural are based upon the amercement roll, p. 135.

testatum fuit vicecomiti, it was testified by the sheriff (?).

383. *Henry de Vere* had held a gaol delivery (see 374), but when I do not know. The ordeal of water (*judicium aque*) was still in use.

394. This case has been transcribed from A by Palgrave (Commonwealth, p. clxxxvii), and made known to all by Mr. Justice Stephen (Hist. vol. i. p. 259). I find that I have supposed myself to have read what Sir Francis Palgrave left unread, namely, the interlineation in A, which seems to be *preterquam de visu*. A number of persons say that they saw one *William* kill the other. The four townships attest the same fact, but cannot say that they actually saw it. The words, if I am right about them, are of some little interest.

The criminal was taken in the act, holding the weapon with which he did the deed, so there is no need for him to submit to trial. Indeed he cannot do so, *non potest defendere*. For similiar cases see 174, 189.

396. The complicated story seems to be this. *Walter* killed William and was outlawed. Walter's brother Adam was, or was said to have been, appealed by Jacob and by Martin. Jacob's appeal is backed by Henry Bigod and Henry Nesse, and Martin's appeal is backed by Hugh Chark, that is to say, these persons were desirous of fighting if Jacob or Martin died or made default. (As to contingent and supplementary appeals of this kind see Bracton, f. 138; evidently the phrase *si de A.B. male contigerit* was the technical phrase proper to be used in such subsidiary appeals). When, however, it comes to the point, Jacob withdraws his appeal, confessing it was groundless. He has to pay a fine of 40ˢ and find twelve sureties that he will keep the peace. His backers, the two Henries, do not appear, and a *capias* goes against them. Then Martin denies that he ever appealed Adam; the coroners' rolls, however, show that he did, and the order is that he and his backer Hugh be kept in custody. Then, however, the county contradicts the coroners and says that Martin never appealed Adam, and so Martin (the rolls say Walter, but this is a mistake) and Hugh go quit. It is noticeable that the judges believe the county rather than the coroners' rolls; as to this see Bracton, f. 140 b.

As to Adam, there is now no appeal against him, but he pays a substantial sum for an inquest and is acquited. Seemingly he is tried by the twelve jurors of Blidesloe, the same jurors who are amerced for not having presented the appeals. What would have happened to him if he had not made the payment? It seems probable that the testimony of the jurors would have been taken, and, being favourable to him, he would have gone quit. Still it may well have been prudent to give the king ten marks. (See 343 and John's Charter, c. 36).

gratis optulit se, etc., he voluntarily surrendered himself a prisoner as one willing to stand his trial (*stare recto*).

104. **crannoc, crennock**, a measure; but what measure, and whence the name? See Ducange, *crannocus, crannoca*.

105. The variance between A and B might suggest that Gio de Cigogné and Gio de Chanceaux were the same person; but the clause in John's charter which banishes them makes it clear that they were distinct.

112. This entry has been made on roll A in large bold characters. Apparently these four persons had been coroners for some time past. Afterwards (465) Hugh of Cullardvill fines to be removed from his office, and seemingly there is a new election.

114. *Roger* had often impounded (*imparcaverat*) Henry's beasts (*averia*). Compare 416, in which another death has followed from a like cause. Henry refuses trial, but to all appearance has a trial in the regular form and is found guilty; he pays a fairly heavy fine and is bailed. Apparently no more will happen to him unless some one appeals him (*si quis versus eum loqui voluerit*). He is very leniently treated; I think that he has a powerful friend who finds the 60*s* for him.

115. This deodand upon condition is curious. The judges must have had a large discretion in these matters. The Lanthoney Abbey often mentioned in this roll is of course the Abbey close to Gloucester, not the Abbey in Wales.

fugare carucam, to follow a plough.

gutta caduca, the falling drop, epilepsy.

119. Probably it was for military purposes that the Earl Marshall cleared Gloucester castle of its prisoners.

134. Observe that this story is about twelve years old, *per quandam diem dominicam que fuit per tres septimanas ante Natale*. This use of *per* seems very strange, but I can make nothing else of the text; compare *per duos annos* in 362.

litigaverunt adinvicem, probably this fine phrase only means that there was a dispute. The phrase is again used in 436.

Et quesitus quam sectam ipse fecit; the inquiry must be made of Hugh the appellor, not of Peter the appellee.

Peter is compelled to go to the duel although he wants an inquisition *de odio*. It seems plain that he has no right to choose trial *per patriam* instead of trial *per corpus*. Observe that he does not offer to pay for an inquest; could he have bought one?

The day for the duel is the 31st of July.

435. This is the last of the cases in which trial is refused. It seems that the accused was admitted to bail; see 503, note 4, and the fine on p. 133.

Since the Introduction to this book was written I have seen, in the note-book discovered by Professor Vinogradoff, two important cases touching the question what shall be done with a man who will not put himself upon his country[1]. They are extracted from a roll that I cannot find in the Record Office; they came before the bench at Westminster almost directly after the end of this eyre, namely, in the spring of 1222.

In the first case one *John* is accused of robbery and refuses to put himself upon his country. But he was found seised of a coat made of two pieces (*inventus est seisitus de una tunica partita*), and one half of this had belonged to a certain Walter. All the men of the township recognise the coat, and all the men of the county and of the neighbourhood testify that John is a thief. And so, because John was not within the assize of our lord the king[2], and cannot deny the coat (*non potest dedicere tunicam*), and has no lord who will replevy him, and there is nothing in his favour (*et omnia bona ei deficiunt*), it is adjudged that he is convicted and therefore, etc. There is no need to expand this *etc.* The next case is in many respects similar; one *Hugh*, accused of harbouring thieves, refuses trial, and is not in frank-pledge. All the townships and all the knights of the county testify that he is guilty, and he cannot find pledges; therefore he is committed to gaol in the custody of the sheriff.

Now over against the first case the annotator has written:—De eo qui noluit se ponere super patriam set inventus fuit seisitus de latrocinio, et omnia bona defecerunt ei quia non in franco plegio, nec habuit dominum qui eum advocaret et ideo. (The sentence is unfinished, but there is no need to finish it.)

The note against the second case is:—Alius eodem modo rettatus set non de aliquo scisitus, et malecreditus, noluit se ponere super patriam et ideo committatur gaole quia non potuit invenire plegios.

The one distinction that the annotator sees between the two cases is that in the one there is seisin, and in the other not. Whether these two cases finally committed the court to the doctrine that, when there is no seisin, a man cannot be tried unless he consents to be tried, remains to be seen. The rolls of 1221 apparently show that the matter was then in the greatest doubt.

Having had occasion to mention this note-book, I must add that, quite apart from any question as to who the annotator was,—a question that is at present in the best hands,—there can be no doubt at all that a very substantial addition to the materials for our legal history has been made by its discovery.

449. Two leaden coffins, full of bones, have been found; a present of them is made to the lepers.

450. The end of this entry is rather obscure, but I think it means that *Richard Burgess* (who had long been the deputy, or under-sheriff), is accountable to the king for the felon's chattels, and for the king's year

---

[1] MS. Add. 12,269, f. 20 dors. (*Athenaeum*, July 19, 1884.)

[2] This no doubt means, as the annotator explains, that John was not in frank-pledge; see Bracton, f. 153 b, l. 2.

and day in the felon's land, and that the land is to be given up to the Abbot of Gloucester, the felon's lord. In 454 there is another escheat of land *propter delictum tenentis*. Now it is a question of some little importance whether land in Gloucester would escheat *propter delictum*, because this bears on a very interesting and unsolved problem in our legal history, the origin and value of the so-called statute, *Prerogativa Regis*. According to that document (cap. 16) it is said (*dicitur*) that the lands of felons in Gloucester (the English translation says in the *county* of Gloucester, but the Latin text does not bear this out) do not escheat, and in Kent, 'the father to the bough, and the son to the plough.' As to Kent, it it is well known that the exception became admitted law (Hale, P. C. vol. i. p. 360). In some way or another Kentishmen succeeded in persuading the judges that they had many peculiar customs of their own, e. g. that there was no villeinage in Kent. But I am not aware that any notice has ever been paid to what is said in the *Prerogativa* about Gloucester. It will not be out of place to add that this would-be statute refers, for the sake of illustration, to two cases that must have happened in Henry the Third's reign. The one concerns John of Monmouth, who was one of the judges at Gloucester in 1221, the other concerns Anselm Marshall, the youngest son of the great earl, and the brother of the William Marshall who was at Gloucester in 1221. The *Prerogativa* would well repay a careful investigation.

452. The town of Gloucester has to answer for this escape from its gaol, for the gaol is its gaol, since Walter Long the keeper of it is not the owner, and has no fee in his office. The *gaola ville* is different from the *castrum domini regis* (435).

453. How did the Earl Marshall come by these chattels? Does the story go back to his shrievalty?

459. The castellans of Gloucester used, on the first day for the sale of beer, to take 28 gallons (*lagenas*) from every brew, paying two-pence for them: they either paid the money down, or gave a tally (*tallia, dica*) for it, and so long as the tally remained in the hands of the woman, (for of course the person who brews is a woman,) they could take no more beer from her. But Rochford introduced the practices of taking two-pence when he took no beer, of taking beer on the last day as well as on the first day of sale, and of taking beer from those who still held outstanding tallies.

461. The charter of Henry the Second, granting this watercourse, is printed in the Chartulary of Gloucester Abbey (Rolls' series), vol. i. p. 155; see also vol. ii. p. 186 for a (?) grant of the same by William the Conqueror.

465. As to the coroners, see above, 412. Apparently the town of Gloucester has no coroners of its own; Bristol has.

466. et ideo habeat judicium suum; doubtless this means *suspendatur*: see 189.

471. *Robert of Roppelay*, whose heir answers for chattels here and in 481, had been constable of Bristol before Gerard of Athée; he was superseded in 1208: see also 503

472. This is the only satisfactory bit of hanging that is recorded. It is not clear when or by whom it was done.

480. **ne occasionentur**, that occasion may not be taken against them, that the judges will not be extreme to mark what they say or do amiss. This is a fine for beaupleader, pro pulchre placitando. These fines became a great popular grievance. At the Parliament of Oxford complaint was made against them:—'justiciarii capiunt finem gravem pro pulchro placitando de quolibet comitatu ne occasionetur.' Probably the fine paid by the burgesses of Gloucester (464) is of the same kind. Gloucester pays £5, Bristol, £10. See Stat. Marlb. c. 11.

481. An appeal by a sister for her brother's death. 'Nullus capiatur nec imprisonetur propter appellum foeminae de morte alterius quam viri sui' (John's charter, cap. 54; and see Bracton, f. 148, b). But this appeal was begun before the charter was granted.

486. Note that Bristol claims to be outside the police system of frankpledge, yet seemingly does not rely on a charter.

496. **debuit hoc fecisse**, it was said that a certain vintner of Reading did this, at least so the story went. For a similar use of *debeo*, see 154, *debuit maledixisse de domino rege*.

498. Certain lands had been taken into the king's hand, in distress for land-tax, they were lying waste, no one was making suit for them, or claiming them as his fee.

499. Many persons had made quays by the water-side, but according to ancient custom, and without doing damage to any.

I think that B gives *kaias*, but A *kaios*; the former would, I suppose be the better reading; see Du Cange, *caya*; Skeat, *quay*; the word seems to be of Celtic origin.

500. The woad-mongers used to pile up the woad in the quarter measure above its brim, now they only fill the measure to the level of the brim; this new practice was begun in the days of Peter of Chanceaux, constable of Bristol.

Compare the assize of measures in Hoveden, vol. iv. p. 33: ' et haec mensura sit *rasa* tam in civitatibus et burgis quam extra.'

502. The complaint seems to be this:—of old the constables were entitled to buy four meses of herrings at a price two-pence less than that charged to others, but since Gerard's day they have exacted two shillings, or even more, for every last of herrings sold; we admit the old custom, but ask relief against the new.

According to the ordinance of weights and measures, of unknown date, which is in the statute book (vol. i. p. 204), the *last* of red herrings is twelve thousand. As to the *mesa*, or *messa*, of herrings, see Du Cange, *mesa*, *meisa*: he gives several French authorities for the word: seemingly it was a much smaller quantity than the *last*; one French ordinance fixes it at 1020 for red herrings, and a smaller number for white.

503. At the time of the Michaelmas fair merchants used to be allowed to sell heavy goods, wool, hides, iron, woad, outside the fair; but now, for some time past, the constables of Bristol castle have imposed

arbitrary fines on sales made outside the fair; they take a pound of pepper or even more.

504. The tenants of the templars at Redcliff have been playing the part of the bat in the fable; when the judges were in Somerset (1218-9) they claimed to be Gloucestershire men, and were allowed to depart; now that the eyre is in Gloucestershire they want to be Somerset men.

506. As to the other articles of the eyre, the jurors can only report some deaths by misadventure.

THE AMERCEMENT ROLLS.

In the foot-notes I have tried to connect the amercements with the cases in respect of which they were inflicted. There are a few that I cannot explain, and there are a good many cases in which the liability to an amercement has been declared, but no amercement is actually imposed. I imagine that the judges had a wide discretion in this matter, and that many excuses were accepted. It should be noted also that, according to the old authorities, the murder fine was the heavy sum of 46 marks, or nearly £31; about this the Leges Edwardi, Willelmi, Henrici Primi agree: but as a matter of fact, in this roll a hundred, no matter how many murders there may be against it, pays for them all with a comparatively trifling sum.

www.ingramcontent.com/pod-product-compliance
Lightning Source LLC
Chambersburg PA
CBHW020909230426
43666CB00008B/1384